NIHILISME

DE WORTEL VAN DE REVOLUTIE
VAN HET MODERNE TIJDPERK

UITGEVERIJ ORTHODOX LOGOS

NIHILISME
DE WORTEL VAN DE REVOLUTIE VAN HET MODERNE TIJDPERK
V. Serafim Rose

Vertaald door Kevin Custers

Boekontwerp door Max Mendor

© 2020, Uitgeverij Orthodox Logos, Nederland

www.orthodoxlogos.com

ISBN: 978-9-49222-411-8
ISBN: 978-1-80484-058-0

Niets uit deze uitgave mag worden verveelvoudigd en/of openbaar gemaakt door middel van druk, fotokopie, microfilm of op welke andere wijze ook zonder voorafgaande schriftelijke toestemming van de uitgever.

V. SERAFIM ROSE

NIHILISME
DE WORTEL VAN DE REVOLUTIE VAN HET MODERNE TIJDPERK

UITGEVERIJ ORTHODOX LOGOS

Inhoud

VOORWOORD van de redacteur 7
I. INTRODUCTIE: *De kwestie van waarheid* 11
II. *De stadia van de nihilistische dialectiek* 22
    1. LIBERALISME 24
    2. REALISME 34
    3. VITALISME 41
    4. HET VERNIETIGENDE NIHILISME 53
III. *De theologie en de geest van het nihilisme* 57
    1. REBELLIE: DE OORLOG TEGEN GOD 57
    2. HET AANBIDDEN VAN HET NIETS 65
IV. *Het nihilistische programma* 71
    1. DE VERNIETIGING VAN DE OUDE ORDE 72
    2. DE TOTSTANDKOMING VAN DE 'NIEUWE AARDE' 74
    3. DE VORMING VAN DE 'NIEUWE MENS' 77
V. *Het nihilisme voorbij* 83
APPENDIX: *De filosofie van het absurde* 98
INDEX 118

Voorwoord

van de redacteur

In het begin van de zestiger jaren, in een kelderappartement nabij de binnenstad van San Francisco, zat Eugene Rose, de toekomstige v. Serafim, aan zijn met stapels boeken en papieren dossiers bedekte bureau. De kamer was gehuld in een oneindige duisternis, daar er maar weinig licht via het raam naar binnen wist te komen. Een aantal jaren voordat Eugene daarheen was verhuisd, had er een moord plaatsgevonden in die kamer en sommigen beweerden dat er nog altijd een dreigende geest rondzwierf. Maar Eugene, alsof hij deze en de steeds duisterder wordende geest van de omringende stad wilden tarten, had een gehele muur bedekt met iconen voor welke altijd een rode icoonlamp flakkerde.

In deze kamer ondernam Eugene het schrijven van een monumentale kroniek over de oorlog van de moderne mens tegen God, zijn poging de Oude Orde te vernietigen en een nieuwe orde zonder Christus op te richten, het bestaan van het Koninkrijk Gods te ontkennen en in diens plaats een eigen aardse utopie te stichten. Dit project droeg de titel *Het koninkrijk der mensen en het Koninkrijk Gods*.

Slechts enkele jaren eerder was Eugene zelf verstrikt geraakt in het koninkrijk der mensen en had hij daarin zijn lijdensweg moeten bewandelen; ook hij had oorlog gevoerd tegen God. Nadat hij het protestantse christendom van zijn kinderjaren had afgewezen als zijnde zwak en ineffectief, had hij deelgenomen aan de Boheemse tegencultuur van de vijftiger jaren en was hij de oosterse religies en wijsbegeerten ingedoken welke onderwezen dat God uiteindelijk onpersoonlijk is. Net als de absurdistische kunstenaars en schrijvers van zijn tijd, had ook hij geëxperimenteerd met krankzinnigheid en het afbreken van de logische gedachtegangen als een manier om 'door te breken naar de andere zijde'. Hij las de geschriften van de dwaze 'profeet' van het nihilisme, Friedrich Nietzsche, totdat diens woorden resoneerden in zijn ziel met een elektrisch, brandend vermogen. Aan de hand van al deze methoden poogde hij met zijn geest de Waarheid of Realiteit te achterhalen; maar zij resulteerden allen in mislukkingen. Hij verviel tot zulk een staat van wanhoop dat, wanneer hij naderhand werd gevraagd het te omschrijven, hij dit louter kon beantwoorden met, 'Ik bevond mij in de Hel.' Hij werd dronken en worstelde met de God Wie, zo hij beweerde, dood was, en sloeg met zijn vuisten op de vloer en brulde naar Hem om hem met rust te laten. Eens toen hij beschonken was, schreef hij, 'Ik ben ziek, zoals ieder mens ziek is die in afwezigheid van de liefde Gods leeft.'

'Atheïsme,' zo schreef Eugene in latere jaren, 'het ware "existentiële" atheïsme dat brandt met een vurige haat voor een ogenschijnlijk onrechtvaardige of ongenadige God, is een spirituele staat van zijn; het is een oprechte poging te worstelen met de ware God Wiens wegen zo onverklaarbaar zijn voor zelfs de meest gelovige des mensen, en is meer dan eens geëindigd in een verblindend visioen van Hem naar Wie de atheïst werkelijk zoekende is. Het is Christus Die werkzaam is in deze zielen. De Antichrist zal niet met name gevonden worden in de grote ontkenners, maar in de kleine getuigen, bij wie Christus louter op de lippen ligt. Nietzsche, door zichzelf de titel van de Antichrist aan te nemen, getuigde daarmee enkel van zijn intense honger naar Christus...'

In zulk een staat van intense honger vond Eugene zichzelf aan het eind van de vijftiger jaren. En toen, als een plotselinge windvlaag, trad een realiteit toe tot zijn leven welke hij nooit had kunnen voorzien. Richting het eind van zijn leven herinnerde hij zich dit moment:

'Jarenlang heb ik er gedurende mijn studies vrede mee gehad om enerzijds "boven alle tradities" te staan, en er anderzijds ook op de een of andere manier trouw aan te blijven... Wanneer ik een orthodoxe kerk bezocht, deed ik dit enkel teneinde een andere "traditie" te bekijken. Echter, toen ik voor het eerst een orthodoxe kerk binnenstapte (een Russische kerk in San Francisco) gebeurde er iets met mij dat ik tot dan toe in nog geen boeddhistische of oosterse tempel had ervaren; iets in mijn hart zei mij dat dit "thuis" was, dat mijn zoektocht ten einde was gekomen. Ik wist niet exact wat dit betekende, want de kerkdienst kwam mij nogal vreemd over en werd gehouden in een vreemde taal. Ik begon met grotere regelmaat orthodoxe kerkdiensten bij te wonen en werd mij geleidelijk bekend met haar taal en haar gebruiken... Terwijl ik mij blootstelde aan de orthodoxie en de orthodoxe mensen trad er een nieuw idee mijn bewustzijn binnen: dat Waarheid niet louter een abstract idee was dat gezocht werd door de geest, maar iets persoonlijks—een Persoon zelfs—dat gezocht en geliefd werd door het hart. En dat is hoe ik Christus ontmoette.'

Terwijl hij in zijn kelderappartement werkte aan *Het koninkrijk der mensen en het Koninkrijk Gods*, probeerde Eugene nog steeds te beseffen wat hij had ondervonden. Hij was nietsvermoedend de Waarheid in het Onvervalste Beeld van Christus tegengekomen, zoals deze in de oosters orthodoxe kerk behouden is gebleven, maar hij hunkerde ernaar om toe te treden tot wat hij het 'hart der harten' van die kerk noemde, haar mystieke dimensies. Hij had een verlangen naar God, een wanhopig verlangen. Zijn geschriften uit deze periode dienden als een soort catharsis voor hem: een manier om te *verrijzen* uit de onwaarheid, uit de ondergrondse duisternis en richting het licht. Ofschoon zij, nog veel meer dan zijn latere werken, filosofisch van toon zijn, waren deze eerdere geschriften geboren uit een intens lijden dat nog steeds uiterst vers in zijn ziel te voelen was. Het was niet meer dan natuurlijk dat hij veel meer zou schrijven over het koninkrijk der mensen, waar hij zijn gehele leven in geleden had, dan over het Koninkrijk Gods, waar hij tot dan toe louter een glimp van had opgevangen. Hij aanschouwde het Koninkrijk Gods vooralsnog door de lens van het koninkrijk der mensen.

Van alle veertien hoofdstukken welke Eugene van zins was te schrijven voor zijn *magnum opus* (zie de beoogde hoofdlijn van het boek op p. 97), werd enkel het zevende in diens volledigheid uitgetypt; de rest zal voor altijd in zijn handgeschreven aantekeningen verblijven. Dit zevende hoofdstuk, welke wij hieronder aan u presenteren, behandelde de filosofie van het nihilisme.

Nihilisme—het geloof dat er niet zoiets bestaat als Absolute Waarheid, dat alle waarheid relatief is—is, zo beaamde Eugene, *de* standaardfilosofie van de twintigste eeuw: 'Het is, in onze tijd, zo wijdverspreid en alomtegenwoordig, is heden ten dage zo grondig en diep doorgedrongen in de geest en het hart van ieder mens op aarde, dat er niet langer een "front" bestaat waarop ertegen gestreden kan worden.' De kern van deze filosofie, zo zei hij, werd 'het best tot uitdrukking gebracht door Nietzsche en een personage van Dostojevski met de uitspraak: "God is dood, derhalve wordt de mens God en is alles mogelijk."'

Op basis van zijn persoonlijke ervaringen geloofde Eugene dat de moderne mens niet volledig tot Christus zal kunnen komen totdat deze zich allereerst bewust wordt van hoe ver hij en zijn maatschappij bij Hem vandaan zijn gevallen, dat wil zeggen, totdat hij het nihilisme eerst zelf in de ogen heeft gekeken. 'Het nihilisme van onze tijd leeft in allen', zo schreef hij, 'en zij die er niet voor kiezen om, bijgestaan door God, ertegen te vechten in naam van de volledigheid van het Zijn van de levende God, zijn er reeds volledig door opgeslokt. Wij zijn naar de rand van de afgrond van het niets geleid en wij zullen, of wij al dan niet zijn ware aard erkennen, door onze affiniteit voor het alomtegenwoordige niets binnenin ons, er zonder enige hoop op verlossing volledig door worden overweldigd—tenzij wij ons met vol en stellig geloof (dat, twijfelende, niet twijfelt) vastklampen aan Christus, zonder Wie wij waarlijk niets zijn.'

Als schrijver voelde Eugene dat hij zijn tijdgenoten terug moest roepen van de afgrond. Hij schreef niet enkel uit zijn eigen verlangen naar God, maar tevens uit zijn bezorgdheid om anderen die ook naar Hem verlangden—zelfs zij die, zoals hij zelf ooit had gedaan, God de rug toekeerden of oorlog tegen Hem voerden uit hun diepe, innerlijke verlangen naar Hem.

Uit zijn hartenleed, uit de duisternis van zijn voormalige bestaan, spreekt Eugene tot de hedendaagse mensheid die zichzelf in eenzelfde leed en duisternis bevindt. Nu, bijna een halve eeuw nadat hij dit werk op papier zette, in een tijd waarin de krachten van het nihilisme en het antichristendom nog dieper in iedere vezel van onze maatschappij zijn doorgedrongen, zijn Eugenes woorden belangrijker dan ooit tevoren. Doordat hij het nihilisme in hemzelf onder ogen heeft gezien en het heeft verslagen, is hij in staat ons te helpen te voorkomen dat wij door deze zielvernietigende geestesgesteldheid worden gevangengenomen, en ons te helpen ons vast te klampen aan Christus, de eeuwige en vleesgeworden Waarheid.

— Hiëromonnik Damascene (Christensen)
St. Herman of Alaska Monastery

I. INTRODUCTIE:
De kwestie van waarheid

Wat is het nihilisme waarin wij de wortel van de Revolutie van het moderne tijdperk hebben waargenomen? Het antwoord lijkt bij een eerste blik niet moeilijk te zijn; enkele overduidelijke voorbeelden komen immers onmiddellijk voor de geest. Zo is er Hitlers bizarre vernietigingsprogramma, de Oktoberrevolutie, de dadaïstische aanval op de kunst; er is de achtergrond vanuit welke deze bewegingen voortvloeien, met name vertegenwoordigd door een aantal 'bezeten' individuen stammend uit het eind van de negentiende eeuw—dichters als Rimbaud en Baudelaire, revolutionairen als Bakoenin en Nechayev, 'profeten' als Nietzsche; er heerst, op een nederiger niveau onder onze tijdgenoten, de vage onrust door welke sommigen van hen zich aangetrokken voelen tot magiërs als Hitler, en anderen tot het vinden van hun toevlucht in drugs of valse religies, of tot het plegen van die 'zinloze' misdaden welke in toenemende mate zo karakteristiek beginnen te worden voor deze tijd. Maar deze vertegenwoordigen niet meer dan louter het spectaculaire oppervlak van het probleem van het nihilisme. Zelfs om voor deze een rechtvaardiging te vinden, zodra men eenmaal een kijkje onder het oppervlak heeft genomen, is geenszins een gemakkelijke opgave; maar de taak die wij ons in dit hoofdstuk hebben opgelegd is breder dan dat: het begrijpen van de aard van de gehele beweging van welke deze fenomenen louter extreme voorbeelden zijn.

Om dit te doen zal het voor ons noodzakelijk zijn om twee grote valkuilen, die aan weerszijden van het door ons verkozen pad gelegen zijn en waarin de meerderheid van de commentatoren van de hedendaagse nihilistische geest gestapt zijn, te ontwijken, namelijk: verweerschrift en smaadrede.

Ieder die zich bewust is van de overduidelijke imperfecties en kwaadaardigheden van de moderne beschaving, welke de directere aanleiding en oorzaak zijn geweest voor de nihilistische reactie—al zullen wij zien dat deze tevens de vruchten zijn geweest van een aanvangend nihilisme—kunnen niet anders dan een mate van sympathie voelen voor, op zijn minst, sommigen van hen die aan deze reactie hebben deelgenomen. Zulk een sympathie zou de vorm kunnen aannemen van medelijden voor hen die, vanuit een bepaald perspectief, gezien zouden kunnen worden als onschuldige 'slachtoffers' van de omstandigheden waartegen zij hun energie richtten; of, tevens, zou het geuit kunnen worden in de algemeen aanvaarde opinie dat bepaalde vormen van nihilistische fenomenen in werkelijkheid een 'positieve' betekenis hebben, en een rol te vervullen hebben binnen een bepaalde 'nieuwe ontwikkeling' van de geschiedenis of de mens. Deze laatste houding, wederom, is op zichzelf een van de duidelijkere vruchten van het nihilisme in kwestie; terwijl de eerste houding op zijn minst niet volledig verstoken is van waarheid of gerechtigheid. Om exact deze reden, echter, moeten wij des te voorzichtiger zijn om er geen onrechtmatig belang aan te hechten. Het is immers maar al te gemakkelijk, in de atmosfeer van de intellectuele nevel waar de hedendaagse liberale en humanistische kringen mee vergeven zijn, om sympathie voor een ongelukkig persoon om te vormen tot ontvankelijkheid voor zijn ideeën. De nihilist, laat er geen twijfel over bestaan, is in zekere zin 'ziek', en zijn ziekte is een getuigenis voor de ziekte van een tijdperk welks beste—en slechtste—elementen zich tot het nihilisme keren; maar ziekte wordt niet genezen, noch wordt het ooit juist gediagnosticeerd, met 'sympathie'. In ieder geval bestaat er niet zoiets als een volledig 'onschuldig slachtoffer'. De nihilist is maar al te duidelijk betrokken met exact de zonden en de schuld van de mensheid welke de kwaadaardigheden van onze tijd hebben voortgebracht; maar door zich te wapenen—zoals alle nihilisten dat doen—tegen niet enkel werkelijke of denkbeeldige 'misbruiken' en 'onrechtvaardigheden' in de gemeenschappelijke en religieuze orde, maar tevens tegen de orde zelf en de Waarheid welke aan deze orde ten grondslag ligt, speelt de nihilist een actieve rol in het werk van Satan (want dat is wat het is) wat op geen manier kan worden gerelativeerd door de mythologie van het 'onschuldige slachtoffer'. Geen mens, op basis van de voorgaande analyse, dient Satan tegen zijn of haar wil.

Maar als een 'verweerschrift' verre van onze intentie is op deze pagina's, dan is ons doel ook alles behalve het neerzetten van een luttele smaadrede. Het is, bijvoorbeeld, niet voldoende om het nazisme of het bolsjewisme te veroordelen voor hun 'barbarisme', 'gangsterdom', of 'anti-intellectualisme', en de artistieke of literaire avant-garde voor hun 'pessimisme' of 'exhibitionisme'; noch is het voldoende om de 'democratieën' te verdedigen in de naam van 'beschaving', 'progressie', of 'humanisme', of voor hun pleiten voor 'persoonlijk eigendom' of 'burgerlijke vrijheden'. Dergelijke argumenten, ondanks dat sommigen een zekere mate van rechtvaardigheid bevatten, zijn in werkelijkheid vrij irrelevant; de slagen van het nihilisme reiken te diep, en diens programma is veel te radicaal, om er op effectieve wijze mee bestreden te worden. Aan de kern van het nihilisme ligt misverstand, en misverstand kan enkel worden bestreden met Waarheid. Het merendeel van de kritiek op het nihilisme is echter totaal niet gericht op deze kern, en de reden daarvoor—zoals wij zullen zien—is dat het nihilisme heden ten dage zo wijdverspreid en alomtegenwoordig is geworden, en zo diep is doorgedrongen tot de geest en het hart van ieder mens op aarde, dat er niet langer een 'front' bestaat waarop ertegen gestreden kan worden; en zij die de mening zijn toegedaan er wel tegen te strijden, maken veelal gebruik van diens eigen arsenaal hetwelk zij vervolgens op zichzelf richten.

Sommigen zullen wellicht protesteren—zodra zij de reikwijdte van ons project hebben gadegeslagen—dat wij ons net te wijd hebben uitgezet: dat wij de prevalentie van het nihilisme hebben overdreven of, zo niet, dat het fenomeen zo universeel is dat het onbehandelbaar is. Wij moeten toegeven dat onze taak ambitieus is, zeker gezien de ambiguïteit van veel nihilistische fenomenen; en, inderdaad, wanneer wij een grondig onderzoek op de vraag zouden loslaten zou ons werk geen einde kennen.

Het is echter mogelijk om ons net wijd uit te zetten en nog steeds de gewenste vis te vangen—want het is en blijft immers een enkele, grote vis. Een volledige documentatie van nihilistische fenomenen is uitgesloten; maar een onderzoek naar de unieke nihilistische mentaliteit welke daaraan ten grondslag ligt, en naar haar onweerlegbare gevolgen en rol in de hedendaagse geschiedenis, behoort wel degelijk tot de mogelijkheden.

Allereerst zullen wij hier trachten deze mentaliteit te omschrijven—in, op zijn minst, een aantal van haar belangrijkste manifestaties—en een schets te maken van haar historische ontwikkeling; om vervolgens dieper in te gaan op haar mening en historische programma. Maar voordat dit gedaan kan worden, moeten wij een duidelijker beeld hebben van waar wij het over hebben; derhalve moeten wij beginnen met een definitie van nihilisme.

Deze taak hoeft ons niet lang vast te houden; het nihilisme is immers gedefinieerd, op vrij bondige wijze, door de bron van het nihilisme, Nietzsche.

'Dat er *geen waarheid* is; dat er geen absolute gang van zaken is—geen "iets-van-zichzelf". *Dit is exact wat nihilisme is, en van de extreemste soort.*'[1]

---

[1] *The Will to Power*, Vol. 1, in *The Complete Works of Friedrich Nietzsche*, New York, The Macmillan Company, 1909, Vol. 14, p. 6

'Er is geen waarheid'; deze uitspraak zijn wij al meer dan eens in dit boek tegengekomen, en het zal ook hierna nog vele malen de revue passeren. Want de voornaamste kwestie van het nihilisme is een kwestie van waarheid; het is, inderdaad, *de* kwestie van waarheid.

Maar wat is waarheid? Deze vraag is er, op de eerste plaats, een van logica: voordat wij de inhoud van waarheid kunnen bespreken, moeten wij haar mogelijkheid onderzoeken, alsmede de omstandigheden van haar veronderstelling. En met 'waarheid' bedoelen wij, natuurlijk—zoals Nietzsches ontkenning nadrukkelijk aantoont—absolute waarheid, wat wij reeds hebben gedefinieerd als de dimensie van het begin en het einde der dingen.

'Absolute waarheid': deze uitspraak klinkt een generatie dat is grootgebracht met scepticisme en niet gewend is aan serieus denken achterhaald in de oren. Geen mens—zo heerst het algemeen aanvaarde idee—zal toch zeker naïef genoeg zijn om nog steeds te geloven in 'absolute waarheid'? Alle waarheid, in de ogen van onze verlichte tijdgenoten, is immers 'relatief'. Deze laatste uitdrukking, let wel—'alle waarheid is relatief'—is de populaire vertaling van Nietzsches uitdrukking, 'er is geen (absolute) waarheid'; de enkele uitspraak die als fundament fungeert voor zowel het nihilisme als voor het volk en de elite.

'Relatieve waarheid' wordt, in onze tijd, voornamelijk vertegenwoordigd door de kennis van de wetenschap, wat haar begin vindt in observatie, vordert met logica en op ordelijke wijze verloopt van het bekende naar het onbekende. Het is te allen tijde discursief, contingent, gekwalificeerd en wordt altijd uitgedrukt met 'betrekking' tot iets anders, nooit opzichzelfstaand, nooit categorisch, nooit 'absoluut'.

De ondoordachte wetenschappelijke specialist ziet geen noodzaak voor een andere vorm van kennis; druk in de weer met de eisen van zijn specialiteit heeft hij, wellicht, de tijd noch de genegenheid voor 'abstracte' vraagstellingen welke, bijvoorbeeld, informeren naar de standaard veronderstellingen van die specialiteit. Wanneer hij onder druk wordt gezet, of wanneer zijn geest zich spontaan tot dergelijke vraagstellingen zou richten, dan is de meest overduidelijke verklaring vaak voldoende om zijn nieuwsgierigheid te stillen: alle waarheid is empirisch, alle waarheid is relatief.

Beide stellingen zijn, natuurlijk, tegenstrijdigheden. De eerste stelling is op zichzelf verre van empirisch, maar metafysisch; de tweede is zelf een absolute stelling. De kwestie van absolute waarheid komt, voor de kritische aanschouwer, op de eerste plaats aan de orde door dergelijke tegenstrijdigheden; en de eerste logische conclusie tot welke hij zal moeten worden geleid is de volgende: als er ook maar enige vorm van waarheid bestaat, dan kan het niet louter 'relatief' zijn. De basisprincipes van de moderne wetenschap, zoals het geval is bij elk kennissysteem, zijn op zichzelf onveranderbaar en absoluut; waren zij dat niet, dan zou er geen enkele vorm van kennis mogelijk zijn, zelfs niet de meest 'doordachte' vorm van kennis, want er zouden dan geen criteria zijn aan de hand van welke iets ook maar geclassificeerd zou kunnen worden als zijnde kennis of waarheid.

Dit axioma komt met een gevolgtrekking: het absolute kan niet worden verkregen door middel van het relatieve. Dat wil zeggen, de basisprincipes van elk kennissysteem kunnen niet worden bereikt door middel van die kennis zelf, maar moeten bij voorbaat een gegeven zijn; zij zijn het voorwerp, niet van demonstratie, maar van geloof.

In een eerder hoofdstuk hebben wij de universaliteit van geloof besproken en gezien hoe het aan alle menselijke activiteit en kennis ten grondslag ligt; ook hebben wij gezien dat geloof, wil het niet ten prooi vallen aan subjectieve waanideeën, geworteld moet zijn in de waarheid. Het is derhalve een legitieme en, inderdaad, onvermijdbare vraag of de basisprincipes van het wetenschappelijke geloof—bijvoorbeeld, de coherentie en uniformiteit van de natuur, de transsubjectiviteit van de menselijke kennis, de adequaatheid van de rede om conclusies te kunnen trekken uit observatie—gegrondvest zijn in absolute waarheid; zijn zij dat niet, dan kunnen zij niet meer zijn dan onverifieerbare waarschijnlijkheden. De 'pragmatische' positie, welke door veel wetenschappers en humanisten die niet de moeite nemen om over ultieme dingen na te denken wordt ingenomen—de positie dat deze principes niet meer zijn dan experimentele hypothesen welke door de collectieve ervaring als betrouwbaar worden bevonden—is beslist ontoereikend; het biedt wellicht een psychologische verklaring voor het geloof dat door deze principes wordt ingeboezemd, maar aangezien het niet het fundament van dat geloof in waarheid tot stand brengt, laat het het gehele wetenschappelijk bouwwerk op losse schroeven staan en levert het geen zekere verdediging tegen de irrationele winden waar het periodiek door wordt bestookt.

In werkelijkheid, echter,—of het nu simpelweg afstamt van naïviteit of van een dieper inzicht hetwelk zij niet door middel van argumentatie weten te verklaren—zijn de meeste wetenschappers en humanisten er ongetwijfeld van overtuigd dat hun geloof iets van doen heeft met de waarheid achter dingen. Of dit geloof rechtvaardig is of niet is, natuurlijk, een geheel andere kwestie; het is een metafysische kwestie, en een ding dat zeker is, is dat het *niet* te rechtvaardigen is aan de hand van de nogal primitieve metafysica van de gemiddelde wetenschapper.

Ieder mens, zoals wij hebben gezien, leeft op basis van geloof; op eenzelfde manier is ieder mens—al zij het minder voor de hand liggend maar niet minder zeker—een metafysicus. De aanspraak op om het even wat voor kennis—en geen mens kan zich onthouden van deze aanspraak—impliceert een theorie en een maatstaf van kennis, alsmede een notie van wat uiteindelijk te kennen valt en wat waar is. Deze ultieme waarheid, of deze nu wordt opgevat als zijnde de christelijke God of simpelweg de ultieme samenhang der dingen, is een metafysisch basisprincipe, een absolute waarheid. Maar ten gevolge van de erkenning van zulk een principe, welke logischerwijs onvermijdbaar is, valt de theorie van de 'relativiteit van waarheid' uiteen, aangezien daarmee wordt aangetoond dat het op zichzelf een tegenstrijdig absoluut is.

De kennisgeving van de 'relativiteit van waarheid' is, derhalve, wat men een 'negatieve metafysica' zou kunnen noemen—maar nog steeds een metafysica. Er zijn verscheidene principiële vormen van een 'negatieve metafysica', en aangezien elk daarvan zichzelf op een enigszins andere wijze tegenspreekt, en appelleert aan een iets andere mentaliteit, zal het verstandig zijn om hier aan elk van deze principiële vormen een aparte paragraaf te wijden. Wij zouden ze kunnen opsplitsen in twee algemene categorieën van 'realisme' en 'agnosticisme', welke beide, op hun beurt, kunnen worden onderverdeeld in 'naïef' en 'kritisch'.

'Naïef realisme', of 'naturalisme', ontkent absolute waarheid niet zozeer, maar formuleert in plaats daarvan eigen absolute stellingen welke niet verdedigd kunnen worden. Terwijl het elk 'ideaal' of 'spiritueel' absoluut afwijst, doet het wel aanspraak op de absolute waarheid van het 'materialisme' en 'determinisme'. Deze filosofie kent nog altijd aanhangers binnen bepaalde kringen—het is de officiële leer van het marxisme en wordt geproclameerd door een aantal kortzichtige wetenschappelijke denkers in het Westen—maar de primaire stroming van het hedendaagse denken heeft het achter zich gelaten en het lijkt heden ten dage niets meer te zijn dan de vreemde relikwie van een simpelere, maar vervlogen tijd, de Victoriaanse tijd waarin velen de loyaliteit en de emoties waarmee zij ooit trouw betoonden aan hun religie overdroegen aan de 'wetenschap'. Het betreft de onmogelijke formulering van een 'wetenschappelijke' metafysica—onmogelijk daar wetenschap van nature kennis van het specifieke betreft, en metafysica de kennis betreft van wat aan dat specifieke ten grondslag ligt en wat ermee vooronderstelt wordt. Het is een suïcidale filosofie in die zin dat het 'materialisme' en het 'determinisme' die het poneert iedere vorm van wijsbegeerte ongeldig maken; daar het erop moet aandringen dat de filosofie, net als al het andere, 'bepaald' is, kunnen haar aanhangers niets anders dan stellen dat hun eigen filosofie, gezien het feit dat het bestaat, 'onvermijdbaar' is, maar absoluut niet dat het 'waar' is. In feite zou deze filosofie, wanneer het consistent zou zijn, in haar totaliteit een einde maken aan de categorie van waarheid; maar haar aanhangers, onschuldig van consistente of diepzinnige gedachten, lijken zich niet bewust te zijn van deze fatale tegenstrijdigheid. Deze tegenstrijdigheid zou, op een minder abstract niveau, herkent kunnen worden in de altruïstische en idealistische praktijk van, bijvoorbeeld, de Russische nihilisten van de laatste eeuw, een praktijk die in overduidelijke tegenspraak is met hun pure materialistische en egoïstische theorie; Vladimir Solovjov toonde deze discrepantie op vindingrijke wijze aan door hen het volgende syllogisme toe te schrijven: 'De mens stamt af van een aap, derhalve zullen wij van elkaar houden.'

Alle wijsbegeerte vooronderstelt, tot op zekere hoogte, de autonomie van ideeën; filosofisch 'materialisme' is, derhalve, een geslachtsoort van het 'idealisme'. Het is, zogezegd, de zelfbekentenis van hen wier ideeën niet boven het overduidelijke uitsteken, wier dorst voor de waarheid zo gemakkelijk te lessen is door de wetenschap, dat zij het tot hun eigen absoluut maken.

'Kritisch realisme', of 'positivisme', is de eenvoudige ontkenning van metafysische waarheid. Gestoeld op dezelfde wetenschappelijke predisposities als het naïevere naturalisme, betuigt het een grotere bescheidenheid in het volledig in de steek laten van het absolute en zichzelf te beperken tot de 'empirische', 'relatieve' waarheid. Wij hebben reeds de tegenstrijdigheid van deze positie opgemerkt: het ontkennen van absolute waarheid is op zichzelf een 'absolute waarheid'; wederom, net als het geval is bij het naturalisme, is het aandragen van het basisprincipe van het positivisme diens eigen weerlegging.

'Agnosticisme', net als het 'realisme', kan worden onderscheiden als 'naïef' en 'kritisch'. 'Naïef', of 'doctrinair agnosticisme' poneert de absolute onkenbaarheid van elke vorm van absolute waarheid. Ofschoon diens stelling bescheidener lijkt dan dat van het positivisme, stelt het overduidelijk nog steeds te veel: als het namelijk *weet* dat het absolute 'onkenbaar' is, dan is deze kennis op zichzelf 'absoluut'. Dergelijk agnosticisme is in feite niet meer dan een variant op het positivisme dat tracht, zonder daarin te slagen, diens inherente tegenstrijdigheden te verhullen.

Enkel in het 'kritische' of 'pure agnosticisme' vinden wij, eindelijk, wat lijkt op een geslaagde verloochening van het absolute; echter betekent zulk een verloochening helaas het einde van alles en eindigt het, wanneer het consistent is, in volledig solipsisme. Dergelijk agnosticisme is de simpele constatering van het feit dat: wij niet weten of er een absolute waarheid bestaat, of wat de aard daarvan zou kunnen zijn als het wel zou bestaan; laten wij derhalve—zo luidt de gevolgtrekking—genoegen nemen met de empirische, relatieve waarheid welke wij *wel* te weten kunnen komen. Maar wat is waarheid? Wat is kennis? Als er geen absolute maatstaf bestaat aan de hand van welke deze kunnen worden gemeten, dan kunnen zij niet eens gedefinieerd worden. De agnost, wanneer hij deze kritiek erkent, laat zich hierdoor niet van de wijs brengen; zijn standpunt is er een van 'pragmatisme', 'experimentalisme', 'instrumentalisme': er is geen waarheid, maar de mens is in staat te overleven, en vooruit te komen in het leven, zonder waarheid. Zulk een standpunt wordt verdedigt in hoge kringen—alsmede in erg lage kringen—in onze anti-intellectuele eeuw; maar het minst dat men erover mag zeggen is dat het intellectueel onverantwoord is. Het is de definitieve afwijzing van waarheid, of liever de overgave van waarheid aan macht, of deze macht nu staat, ras, klasse, comfort, of om het even welke andere drijfveer is die in staat is om de energie die de mens ooit aan de waarheid wijdde te absorberen.

De 'pragmatist' en de 'agnost' zijn wellicht erg oprecht en goedwillend; maar zij houden enkel zichzelf—en anderen—voor de gek als zij het woord 'waarheid' blijven gebruiken ter omschrijving van hetgeen zij naar op zoek zijn. Hun bestaan, inderdaad, getuigt van het feit dat de zoektocht naar de waarheid, door welke de Europese mens voor zo'n lange tijd is geïnspireerd, ten einde is gekomen. Meer dan vier eeuwen aan moderne wijsbegeerte zijn, vanuit een bepaald perspectief, een experiment geweest naar de verschillende mogelijkheden van kennis die voor de mens ter beschikking staan, ervan uitgaande dat *er niet zoiets bestaat als Geopenbaarde Waarheid*. De conclusie van dit experiment—welke reeds door Hume getrokken is en bij welke hij vandaan vluchtte in de richting van het comfort van het 'gezond verstand' en de conventionele levenswijze, en welke heden ten dage gevoeld wordt door de meerderheid die niet beschikt over zulk een toevluchtsoord—is een absolute ontkenning: als er niet zoiets bestaat als Geopenbaarde Waarheid, dan bestaat er geen enkele vorm van waarheid; de zoektocht naar de waarheid buiten de Openbaring is tot een doodlopend einde gekomen. De wetenschapper erkent dit door zichzelf te beperken tot de meest specifieke der specialiteiten, tevreden wanneer hij een bepaalde samenhang opmerkt tussen een beperkte verzameling aan feiten, zonder daarbij zijn brein te breken over het bestaan van om het even welke vorm van waarheid, groot of klein; de menigte demonstreert dit door zich tot de wetenschapper te wenden, niet voor de waarheid, maar voor de technologische toepassingen van een kennis die over niet meer dan een praktische waarde beschikt, en door zich naar andere, irrationele bronnen te richten voor de ultieme waarden welke de mensheid ooit in de waarheid verwachtte te vinden. Het despotisme van de wetenschap over het praktische leven valt samen met de komst van een heel scala aan pseudoreligieuze 'openbaringen'; de twee zijn immers de logische symptomen van een en dezelfde ziekte: de afstoting van de waarheid.

Logica brengt ons derhalve tot de volgende conclusie: ontkenning van of twijfel over absolute waarheid leidt (mits men consistent en eerlijk blijft) naar de afgrond van het solipsisme en rationalisme; het enige standpunt dat geen *logische* tegenstrijdigheden bevat is de affirmatie van een absolute waarheid welke aan alle mindere waarheden ten grondslag ligt en waar deze door verzekerd worden; en dat deze absolute waarheid niet verkregen kan worden door relatieve, menselijke middelen. Op dit punt laat de logica ons in de steek en moeten wij ons naar een geheel ander universum van gespreksvoering begeven indien wij verder wensen te gaan. Het is één ding om te stellen dat er geen logische barrière bestaat voor het bevestigen van absolute waarheid; het is iets geheel anders om het ook daadwerkelijk te bevestigen. Zulk een affirmatie kan louter gestoeld worden op een enkele bron; de kwestie van de waarheid zal uiteindelijk moeten leiden tot de kwestie van de Openbaring.

Op dit punt zal de kritische geest tot aarzelen komen. Moeten wij hetgeen wij niet op basis van onze eigen kracht kunnen verkrijgen dan buiten onszelf zoeken? Het is een klap voor onze trots—met name voor de trots welke heden ten dage doorgaat voor wetenschappelijke 'nederigheid' dat 'als een dienaar neerbuigt voor de feiten' en tegelijkertijd weigert, met uitzondering van de trotse menselijke rede, enige arbiter van om het even welk feit te erkennen. Het is, echter, een specifieke openbaring—een Goddelijke Openbaring, de Christelijke Openbaring—waar de rationalist zo'n afkeer tegen heeft; andere openbaringen zal hij niet tegenspreken.

Inderdaad, de mens die niet, in volledigheid en bewustzijn, een samenhangende leer van waarheid aanvaard zoals de Christelijke Openbaring deze te bieden heeft, wordt gedwongen—mits hij ook maar over enige pretenties van kennis beschikt—zulk een leer elders te zoeken; dit is precies het pad geweest van de moderne wijsbegeerte, welke is uitgekomen op obscuriteit en verwarring daar het nooit het feit onder ogen heeft durven zien dat het niet hetgeen aan zichzelf kan verlenen dat het enkel van buitenaf kan verkrijgen. De blindheid en verwarring van de moderne wijsgeren aangaande de basisprincipes en dimensies van het absolute zijn de directe gevolgen geweest van hun eigen primaire veronderstelling, namelijk het niet-bestaan van de Openbaring; want deze veronderstelling heeft de mens verblind voor het licht van de zon en alles verduisterd dat ooit, in diens licht, voor iedereen helder was.

Voor ieder die in deze duisternis rondtast is er, wanneer hij zich niet van zijn blindheid laat genezen, maar een enkel pad te bewandelen; en dat is de zoektocht naar het licht in de duisternis hier beneden. Velen haasten zich in de richting van de flakkerende kaars van het 'gezond verstand' en de conventionele levenswijze en gaan akkoord—men moet immers een manier vinden om met elkaar overweg te kunnen—met de huidige meningen van de sociale en intellectuele kringen waar zij toe behoren. Maar vele anderen, die dit licht te zwak achten, haasten zich als een kudde naar de magische lantaarns welke verleidelijke, meerkleurige opvattingen uitstralen die, boven alles, afleidend zijn; zij worden de volgelingen van een of andere politieke, religieuze of artistieke stroming welke door de 'tijdgeest' tot zijnde modieus is verklaard.

Of zij nu dient ter verlichting of ter verduistering, in werkelijkheid leeft iedereen in het licht van een bepaalde openbaring, zij het een valse of een ware. Hij die weigert te leven volgens de Christelijke Openbaring is gedwongen te leven volgens een valse openbaring; en alle valse openbaringen leiden naar de afgrond.

Wij begonnen dit onderzoek met de logische vraagstelling, 'wat is waarheid?' Die vraag mag—en moet—gesteld worden vanuit een geheel ander perspectief. De scepticus Pilatus stelde deze vraag ook, ofschoon niet met oprechtheid; ironisch genoeg stelde hij haar aan de Waarheid Zelve. 'Ik ben de Weg, de Waarheid en het Leven: geen mens komt tot de Vader tenzij door Mij.'[2] 'Dan zult gij de waarheid kennen en door de waarheid bevrijd worden.'[3] Waarheid in deze zin, de Waarheid die vrijheid en het eeuwige leven verleent, kan niet verkregen worden door menselijke middelen; het kan enkel worden geopenbaard van hogerhand door Hij Die over de gave beschikt dat te bewerkstelligen.

Het pad naar deze Waarheid is een smal pad, en de meesten—daar zij het 'brede' pad bewandelen—lopen het mis. Er is geen mens, echter—want zo heeft de God Die de Waarheid Zelve is hen immers gecreëerd—die niet op zoek is naar deze Waarheid. Wij zullen, in latere hoofdstukken, veel van de valse absoluten, alsmede de valse goden die de mens in ons afgodische tijd-

---

[2] Johannes 14:6.
[3] Johannes 8:32.

perk verzonnen en aanboden heeft, onderzoeken; en wij zullen ontdekken dat wat wellicht het opmerkelijkst aan hen is, verre van een 'nieuwe openbaring' is, maar een verdunning, een vervorming, een verdraaiing of een persiflage op de Ene Waarheid waar geen mens, zelfs ondanks zijn misvatting, godslastering en trots, mogelijk omheen kan. De notie van Goddelijke Openbaring is grondig in diskrediet gebracht voor hen die zich gedwongen voelen de voorschriften van de 'tijdgeest' te gehoorzamen; maar de dorst naar de waarheid is onmogelijk zonder Hem te lessen, de dorst naar de waarheid welke God in ieder mens heeft geplant om hen naar Hem te leiden en welke enkel gelest kan worden door Zijn Openbaring te aanvaarden. Zelfs zij die beweren tevreden te zijn met 'relatieve' waarheden en zichzelf als te 'verfijnd', te 'eerlijk' of zelfs te 'nederig' beschouwen om het absolute na te streven—zelfs zij raken uiteindelijk vermoeid van de reis van onbevredigende lafenissen waar zij zich arbitrair tot hebben beperkt, en verlangen naar een reis met meer substantie.

Het volledige gerecht van de Christelijke Waarheid is echter louter toegankelijk via het geloof; en het voornaamste obstakel voor zulk een geloof is niet de logica, zoals het simplistische moderne standpunt het ziet, maar een ander, contrair geloof. Wij hebben immers gezien dat de logica niet in staat is de absolute waarheid te ontkennen zonder daarmee ook zichzelf te ontkennen; de logica welke zich tegen de Christelijke Openbaring richt is louter de dienaar van een andere 'openbaring', van een valse 'absolute waarheid': het nihilisme.

Op de volgende pagina's zullen wij de 'nihilisten' karakteriseren als mensen met, zo lijkt het, ver uit elkaar liggende overtuigingen: humanisten, sceptici, revolutionairen van allerlei slag, artiesten en wijsgeren afkomstig van verschillende scholen; maar zij zijn allen verenigd rond een gezamenlijk doel. Zij het uit positivistisch 'kritiek' op christelijke waarheden en instituties, revolutionair geweld tegen de Oude Orde, apocalyptische visioenen van universele vernietiging en de komst van een paradijs op aarde, of objectief wetenschappelijk arbeid in het belang van een 'beter leven' op deze wereld—met de stilzwijgende veronderstelling dat er geen andere wereld bestaat—hun doel is hetzelfde: de uitroeiing van de Goddelijke Openbaring en de voorbereiding van een nieuwe orde waarin er geen spoor zal zijn overgebleven van de 'oude' kijk op dingen en waarin de Mens de enige bestaande god zal zijn.

II.
De stadia van de nihilistische dialectiek

De nihilistische mentaliteit, in de eensgezindheid van haar onderliggende doel, is enkelvoudig; maar het manifesteert zichzelf in fenomenen zo divers als de aard van allen die eraan deelnemen. Deze enkele nihilistische drijfveer vordert derhalve op meerdere fronten tegelijk, en diens vijanden blijven door deze effectieve tactiek verward en misleid achter. In de ogen van de zorgvuldige toeschouwer worden deze nihilistische fenomenen echter gereduceerd tot drie of vier principiële vormen, welke vervolgens aan elkaar zijn gerelateerd als verschillende stadia binnen een proces dat de nihilistische dialectiek genoemd kan worden. Eén stadium van het nihilisme verzet zich tegen het andere, niet om het op effectieve wijze te bestrijden, maar om de misvattingen van de andere in diens eigen programma op te nemen en zo de mensheid een stap verder te dragen op het pad naar de afgrond dat voor al het nihilisme als het eindpunt geldt. De argumenten van elk stadium zijn vaak effectief in het aankaarten van bepaalde overduidelijke tekortkomingen van een voorgaand stadium; maar geen van deze kritieken is ooit radicaal genoeg om de gemeenschappelijke tekortkomingen van alle stadia aan te kaarten, en de gedeeltelijke waarheden die, toegegeven, aanwezig zijn in alle vormen van het nihilisme dienen uiteindelijk louter als tactieken om de mens in de richting van de grote leugen te leiden die aan allen ten grondslag ligt.

De stadia die op de volgende pagina's zullen worden omschreven moeten niet begrepen worden als zijnde louter chronologisch op elkaar volgende stromingen, al vormen zij, in de meest strikte zin, in feite wel een soort kroniek van de ontwikkeling van de nihilistische mentaliteit vanaf het moment van het mislukte nihilistische experiment van de Franse Revolutie tot de opkomst en ondergang van de laatste en meest expliciete nihilistische manifestatie van de Revolutie, het nationaalsocialisme. De twee decennia vóór en na het middelpunt van de negentiende eeuw zouden derhalve gezien kunnen worden als de piek van de liberale prestige en invloed, met J.S. Mill als de kenmerkende liberaal; het tijdperk van het realisme beslaat wellicht de laatste helft van de eeuw en wordt, aan de ene kant, getypeerd door de socialistische denkers en, aan de andere, door de wetenschappelijke wijsgeren en zij die de wetenschap populariseren (al kunnen wij wellicht beter 'misbruiken' zeggen); het vitalisme, in de vorm van de symboliek, het occultisme, het artistieke expressionisme en verschillende andere evolutionaire en 'mystieke' filosofieën, vormde gedurende de halve eeuw na ongeveer 1875 de meest significante intellectuele onderstroom; en het vernietigende nihilisme, ondanks dat diens intellectuele wortels diep in de voorgaande eeuw waren genesteld, brengt de gehele één en een kwart eeuw van de nihilistische ontwikkeling, zowel in de sociale orde als in vele private kringen, samen met het geconcentreerde tijdperk van vernietiging van 1914—1945 tot een drastisch einde.

Het zal worden opgemerkt dat deze periodes overlappen, aangezien het nihilisme in verschillende volkeren en verschillende individuen op een ander tempo rijpt; deze overlapping is in feite extremer dan ons eenvoudige schema zou kunnen suggereren, dusdanig extremer zelfs dat de vertegenwoordigers van elk stadium gevonden kunnen worden in elk tijdperk, en allen zelfs heden ten dage nog gelijktijdig bestaan. Wat geldt voor historische tijdperken geldt ook voor de individuen; in geen van de stadia is er sprake van zoiets als een 'pure' nihilist, daar zelfs het voornaamste nihilistische temperament een combinatie is van op zijn minst twee verschillende stadia.

Verder is het zo dat ofschoon het tijdperk sinds de Franse Revolutie de eerste is waarin het nihilisme een centrale rol heeft gespeeld, elk van diens stadia ook in de voorgaande eeuwen vertegenwoordigd is geweest. Het liberalisme, bijvoorbeeld, is rechtstreeks voortgekomen uit het humanisme van de renaissance; het realisme was een belangrijk aspect van zowel de protestantse reformatie als de Verlichting; een vorm van het vitalisme deed zich voor in het occultisme van de renaissance en de Verlichting en vervolgens ook in het romanticisme; en het vernietigende nihilisme, ofschoon nooit zo grondig als het gedurende de voorgaande eeuw is geweest, heeft ook voor bepaalde extremistische denkers in het moderne tijdperk bestaan als een vorm van verleiding.

Met deze bedenkingen zou ons schema echter aanvaard kunnen worden als op zijn minst een benadering tot wat een onmiskenbaar historisch en psychologisch proces is geweest. Laten wij, derhalve, van start gaan met ons onderzoek naar de verschillende stadia van dit proces, de nihilistische dialectiek, en ze daarmee trachten te beoordelen in het licht van de orthodoxe Christelijke Waarheid voor de verduistering en ontkenning van welke zij—mits wij het bij het rechte eind hebben—in het leven zijn geroepen. In deze sectie zullen wij pogen deze stadia enkel te beschrijven en, onder verwijzing naar de definitie van nihilisme welke wij hebben aangenomen, aan te kaarten in welk opzicht zij als nihilistisch kunnen worden gekarakteriseerd.

1. LIBERALISME

Het liberalisme dat wij op de volgende pagina's zullen omschrijven is niet—laat ons dit van meet af aan vaststellen—een openlijk nihilisme; het is, in plaats daarvan, een passief nihilisme of, beter gezegd, de neutrale voedingsbodem voor de geavanceerdere stadia van het nihilisme. Zij die onze eerdere discussie omtrent de onmogelijkheid van spirituele of intellectuele 'neutraliteit' in deze wereld hebben gevolgd, zullen onmiddellijk begrijpen waarom wij een standpunt als zijnde nihilistisch hebben bestempeld hetwelk, ofschoon niet direct verantwoordelijk voor enige opvallende nihilistische fenomenen, een onontbeerlijke voorwaarde is geweest voor hun verschijning. De incompetente verdediging dat door het liberalisme wordt aangedragen voor een erfgoed waar het nooit werkelijk in heeft geloofd, is een van de meest potente oorzaken geweest voor openlijk nihilisme.

De liberale humanistische beschaving welke, in West-Europa, de laatste vorm van de Oude Orde vormde die tijdens de Eerste Wereldoorlog en de Revoluties van het tweede decennium van deze eeuw[4] op effectieve wijze vernietigd is, en welke heden ten dage nog steeds bestaat in de vrije wereld—al zij het in een meer verzwakte 'democratische' vorm—kan hoofdzakelijk worden gekarakteriseerd door haar houding omtrent de waarheid. Dit is niet een houding van open vijandelijkheid noch van weloverwogen onbekommerdheid, want haar oprechte apologeten beschikken zonder twijfel over een heuse eerbied voor wat zij als de waarheid beschouwen; in plaats daarvan betreft het een houding waarin de waarheid, ongeacht bepaalde verschijningen, niet langer het middelpunt van de aandacht inneemt. De waarheid waarin het beweert te geloven (met uitzondering van, uiteraard, wetenschappelijke feiten) is, voor deze beschaving, geen spirituele of intellectuele munt binnen de huidige omgang van valuta, maar een ijdel en ongebruikt vermogen dat is overgebleven van een vorig tijdperk. Nog altijd spreekt de liberaal, althans op formele gelegenheden, van 'eeuwige waarheden', van 'geloof', van 'menselijke waardigheid', van de 'hogere roeping van de mens'

---

[4] D.w.z., de twintigste eeuw.—Red.

of zijn 'onverwoestbare geest', zelfs van de 'christelijke beschaving'; maar het is duidelijk dat deze woorden niet langer dezelfde betekenis uitdragen als zij ooit deden. Geen liberaal neemt ze volledig serieus; het zijn in feite metaforen, verfraaiingen van de taal die bedoeld zijn om een emotionele, in plaats van intellectuele, reactie op te wekken—een reactie die grotendeels is geconditioneerd door langdurig gebruik, met de bijkomende herinnering van een tijd waarin dergelijke woorden daadwerkelijk een positieve en serieuze betekenis uitdroegen.

Geen mens die heden ten dage trots is op zijn 'ontwikkeling'—dat wil zeggen, maar erg weinig in academische instituten, in overheidsposities, in de wetenschap, in humanistische intellectuele kringen, geen mens die wenst of beweert 'met de tijd mee te gaan'—gelooft of kan geloven in de absolute waarheid of, om precies te zijn, de Christelijke Waarheid. Toch is de naam van de waarheid bewaard gebleven, net als de namen van de waarheden die de mens ooit als absoluut beschouwde, en maar weinigen in posities van autoriteit of invloed zouden aarzelen om ze toe te passen, zelfs wanneer zij zich ervan bewust zijn dat hun betekenissen niet meer dezelfden zijn. Waarheid, kortom, is 'geherinterpreteerd'; de oude mallen zijn geleegd en gevuld met een nieuwe, quasinihilistische inhoud. Dit kan gemakkelijk worden waargenomen aan de hand van een bondig onderzoek naar de voornaamste gebieden waarin de waarheid 'geherinterpreteerd' is.

In de theologische orde is de vooreerst waarheid, natuurlijk, God. De alwetende en alomtegenwoordige Schepper van het alles, geopenbaard in het geloof en in de ervaring van de gelovigen (en niet weerlegd door de redenering van zij die het geloof ontkennen), God is het allerhoogste einde van de gehele schepping en, in tegenstelling tot Zijn schepping, vindt Hij Zijn einde in Hemzelf; al het geschapene staat in verband met, en is afhankelijkheid van Hem, Hij Die louter van niets anders afhankelijk is dan Hijzelf; Hij heeft de wereld geschapen zodat alles kan leven in het genot van, Hem, en alles in de wereld is dan ook richting dit doel georiënteerd, het doel dat de mens kan mislopen door zijn vrijheid te misbruiken.

De moderne mentaliteit kan zulk een God niet tolereren. Hij is zowel te intiem—te 'persoonlijk', zelfs te 'menselijk'—en te absoluut, te onbuigzaam in Zijn eisen van ons; en Hij maakt Zichzelf bekend enkel aan een nederig geloof—een feit dat onherroepelijk voor een vervreemding van de trotse moderne intelligentie zal zorgen. Het is duidelijk dat de moderne mens een 'nieuwe god' eist, een god die meer gevormd is naar het patroon van zulke centrale moderne bezigheden als de wetenschap en het zakenleven; het is ook inderdaad een belangrijke intentie geweest van de moderne gedachtegang om zulk een god aan te bieden. Deze intentie kwam in Descartes duidelijk naar de voorgrond, werd verwezenlijkt in het deïsme van de Verlichting en vervolgens geperfectioneerd in het Duitse idealisme: de nieuwe god is niet een Wezen maar een idee welke niet wordt geopenbaard door geloof en nederigheid, maar wordt geconstrueerd door de trotse geest die, ofschoon het zijn verlangen naar verlossing heeft verloren, nog steeds hunkert naar een 'verklaring'. Dit is de dode god van de wijsgeren die enkel een 'eerste oorzaak' nodig hebben om hun systemen te voltooien, alsmede van de 'positieve denkers' en andere religieuze sofisten die een god ontwerpen omdat zij hem 'nodig hebben', om hem vervolgens naar eigen wil te kunnen 'gebruiken'. Of wij het nu hebben over 'deïsten', 'idealisten', 'pantheïsten' of 'immanentiefilosofen', alle moderne goden zijn een en dezelfde mentale constructie, gefabriceerd door zielen die zijn gestorven aan het verlies van hun geloof in de ware God.

De atheïstische argumenten tegen zulk een god zijn evenzo onweerlegbaar als zij irrelevant zijn; want zulk een god betekent, in feite, hetzelfde als helemaal geen god. Ongeïnteresseerd in de mens, machteloos om iets in de wereld teweeg te brengen (behalve om een werelds 'optimisme' te inspireren), is hij een god die aanzienlijk zwakker is dan de mensen die hem ontworpen hebben. Het behoeft niet gezegd te worden dat op zulk een fundament niets met enige standvastigheid kan worden opgetrokken; en het is met goede reden dat de liberalen, ofschoon zij normaal gesproken hun geloof in deze godheid verklaren, in werkelijkheid hun eigen wereldbeeld hebben opgetrokken op het meer voor de hand liggende, maar zeker niet stabielere, fundament van de Mens. Nihilistisch atheïsme is de expliciete formulering van wat in werkelijkheid reeds, en niet louter impliciet, in verwarde vorm aanwezig was in het liberalisme.

De ethische implicaties van het geloof in zulk een god zijn exact dezelfden als die van het atheïsme; deze innerlijke overeenstemming, echter, wordt wederom voor de buitenwereld verscholen achter een sluier van metaforen. In de christelijke orde wordt alle activiteit van dit leven gezien en beoordeelt in het licht van het leven van de toekomstige wereld, het leven na de dood dat geen einde zal kennen. De ongelovige kan er geen idee van hebben wat dit leven voor de gelovige christen betekent; heden ten dage is het toekomstige leven, net als God, voor de meesten louter een idee geworden, waardoor het net zo weinig pijn en moeite kost om het te ontkennen als het te betuigen. Voor de gelovige christen betekent het toekomstige leven ondoorgrondelijk genot, genot dat voorbijgaat aan het genot dat hij kent uit dit leven door via het gebed, de liturgie en het sacrament in communio te treden met God;

want dan zal God alles in alles zijn en zal er niet aan dit genot te ontkomen zijn, daar het in oneindige mate zal worden versterkt. De ware gelovige beschikt over de troost van een voorproefje op het eeuwige leven. Hij die in de moderne god gelooft, echter, zonder een dergelijk voorproefje en daardoor zonder besef van het christelijke genot, kan niet op dezelfde manier in het toekomstige leven geloven; inderdaad, als hij eerlijk tegen zichzelf is, zou hij moeten toegeven dat hij er geheel niet in kan geloven.

Er bestaan twee primaire vormen van een dergelijk ongeloof dat doorgaat voor het liberale geloof: de protestant en de humanist. De liberale protestantse kijk op het toekomstige leven—die, helaas, door een toenemend aantal mensen die katholiek of zelfs orthodox beweren te zijn wordt gedeeld—is, net als diens kijk op al het andere omtrent de spirituele wereld, een minimale erkenning van geloof waarin in werkelijkheid een geloof in het niets verborgen ligt. In de populaire opvatting van dit geloof is het toekomstige leven omgevormd tot louter een schimmige onderwereld, een plek waar iemand zijn 'verdiende rust' kan pakken na een leven lang gezwoegd te hebben. Geen mens heeft een duidelijk beeld van deze wereld aangezien het met geen enkele realiteit overeenkomt; in plaats daarvan is het meer een emotionele projectie, een troost voor hen die de implicaties van hun ongeloof liever niet onder ogen zien.

Zulk een 'hemel' is de vrucht van een vereniging van christelijke terminologie en alledaagse profaanheid en is voor geen mens die zich realiseert dat het onmogelijk is om in dergelijke ultieme zaken te compromitteren overtuigend; de ware orthodoxe christen noch de consistente nihilist wordt erdoor verleid. Maar het compromis van het humanisme is zelfs nog minder overtuigend. Hier is er nauwelijks sprake van het voorwendsel dat het idee overeenkomt met de realiteit; alles wordt metafoor en retoriek. De humanist spreekt niet langer van de hemel, althans niet serieus; maar staat zichzelf wel toe om over het 'eeuwige' te spreken, en dan het liefst in de vorm van daverende stijlfiguren: 'eeuwige waarheden', de 'eeuwige menselijke geest'. Iemand zou zich terecht kunnen afvragen of het woord ook maar enige betekenis geniet in dergelijke uitspraken. In humanistisch stoïcisme is het 'eeuwige' gereduceerd tot een dermate dunne en broze inhoud dat het vrijwel niet te onderscheiden is van het materialistische en deterministische nihilisme dat poogt—met enige rechtvaardigheid, dat wel—het te vernietigen.

In beide gevallen, in dat van de liberale 'christen' of dat van de nog liberalere humanist, ligt het onvermogen om in het eeuwige leven te geloven genesteld in hetzelfde feit: zij geloven enkel in deze wereld, zij hebben ervaring noch kennis van, noch geloof in, de andere wereld, en, bovenal, zij geloven in een 'god' *die niet krachtig genoeg is om de mens uit de dood te doen herrijzen.*

Vanachter hun retoriek zijn de ontwikkelde protestant en humanist zich er maar al te goed van bewust dat er in hun universum geen ruimte is voor de Hemel, noch voor de eeuwigheid; hun sterke liberale gevoeligheid, wederom, richt zich niet tot een transcendente, maar tot een immanente bron voor zijn ethische leer, en hun behendige intelligentie is er zelfs toe in staat deze *faute de mieux* om te vormen tot een positieve verdediging. Het is—vanuit dit perspectief—zowel 'realisme' als 'moed' om te leven zonder hoop op eeuwig genot en zonder angst voor eeuwige pijn; voor diegene begiftigd met het liberale perspectief is het niet noodzakelijk om in de Hemel of de Hel te geloven om een 'goed leven' in deze wereld te kunnen leiden. Zodanig is de volstrekte blindheid van de liberale mentaliteit omtrent de betekenis van de dood.

Ook als er geen onsterfelijkheid bestaat, zo gelooft de liberaal, kan men een beschaafd leven leiden; 'als er geen onsterfelijkheid bestaat,'—zo luidt de vele malen diepgaandere logica van Ivan Karamazov in de roman van Dostojevski—'dan is alles afschuwelijk.' Humanistisch stoïcisme is voor bepaalde individuen mogelijk voor een bepaalde tijd: dat wil zeggen, totdat de volledige implicaties van de ontkenning van onsterfelijkheid beginnen door te dringen. De liberaal maakt zich illusies welken voor de ogen van de waarheid ineen dienen te storten. Als de dood, zoals de liberalen en nihilisten beiden geloven, de uitroeiing van het individu betekent, dan zijn deze wereld en alles dat zich daarin begeeft—liefde, goedheid, heiligheid, alles—niets, is niets wat iemand ooit zou kunnen doen van enige ultieme waarde, en wordt de volledige verschrikking van het leven enkel voor de mens verborgen gehouden door de kracht van zijn wil om zichzelf te misleiden; en 'alles is toegestaan', geen buitenwereldse hoop of angst zal de mens weerhouden van monsterlijke experimenten of suïcidale dromen. Nietzsches woorden zijn de waarheid—en profetie—van de nieuwe wereld welke het gevolg is van het volgende standpunt:

> Van al datgene wat ooit als waar werd gehouden, moet niet één woord worden geprezen. Alles dat voorheen werd geminacht als zijnde onheilig, verboden, verachtelijk en fataal—al deze bloemen bloeien nu op de meest betoverende paden der waarheid.[5]

---

[5] *The Will to Power*, p. 377.

De blindheid van de liberaal is een direct antecedent van de nihilistische en, specifieker, bolsjewistische moraliteit; daar de laatste louter een samenhangende en systematische toepassing is van het liberale ongeloof. Het is het toppunt van ironie binnen het liberale standpunt dat juist wanneer diens diepste intentie zal zijn bewerkstelligd in de wereld en de gehele mensheid zal zijn 'bevrijd' van het juk van de transcendente maatstaven, wanneer zelfs het voorwendsel van geloof in de andere wereld zal zijn verdwenen—juist op dat moment zal het leven zoals de liberaal het kent ofwel begeert onmogelijk zijn geworden; want de 'nieuwe mens' die door het ongeloof wordt gecreëerd kan in het liberalisme louter de laatste der 'illusies' vinden welke het liberalisme juist wenste te verdrijven.

Ook in de christelijke orde werd de politiek op absolute waarheid gegrondvest. In het vorige hoofdstuk hebben wij reeds gezien dat de voornaamste providentiële vorm, die door de overheid in eenheid met de Christelijke Waarheid werd aangenomen, het orthodox christelijke koninkrijk was, waarin de soevereiniteit was toegekend aan de monarch en de autoriteit vanuit hem via een hiërarchische sociale structuur naar beneden liep. In het volgende hoofdstuk, daarentegen, zullen wij zien hoe, in een formele 'egalitaire' samenleving, een politiek stelsel welke de Christelijke Waarheid afwijst 'het volk' als de soeverein moet beschouwen en autoriteit als iets dat zich van beneden naar boven begeeft. Het is duidelijk dat de één een perfecte inversie is van de ander; daar zij tegenstrijdig zijn in hun interpretatie van zowel de oorsprong als het eind van overheid. Een orthodox christelijke monarchie is een goddelijk gevestigde overheid dat zich, uiteindelijk, tot de andere wereld richt, een overheid wier ultieme doel de leer van Christelijke Waarheid en de verlossing van zielen is; nihilistische macht—welke, zoals wij zullen zien, de toepasselijke naam van anarchie draagt—is een vorm van overheid die gesticht is door de mens en zich exclusief richt op deze wereld, een vorm van overheid die geen hoger doel kent dan aards geluk.

De liberale kijk op overheid is, zoals verwacht, een poging tot het sluiten van een compromis tussen twee onverenigbare ideeën. In de negentiende eeuw nam dit compromis de vorm aan van 'constitutionele monarchieën', een poging—wederom—tot het huwen van een oude vorm met een nieuwe inhoud; heden ten dage wordt het liberale idee met name vertegenwoordigt door de 'republieken' en de 'democratieën' van West-Europa en Amerika, de meesten van welke een nogal hachelijk balans behouden tussen de krachten van autoriteit en Revolutie, terwijl zij tegelijkertijd in beide beweren te geloven.

Het is natuurlijk onmogelijk om in beide met gelijke oprechtheid en ijver te geloven, en dit is ook nog nooit iemand werkelijk gelukt. Constitutionele monarchen als Louis Philippe dachten dit te doen door te heersen 'met de Gratie Gods en de wil van het volk'—een formule welks beide zinsdelen elkaar opheffen, een feit dat even duidelijk is voor de anarchist[6] als voor de monarchist.

Een overheid is veiliggesteld zolang het God als haar fundament heeft en Zijn Wil als haar gids; maar dit is bij lange na geen omschrijving van een liberale overheid. Het is, vanuit het liberale perspectief, het volk dat heerst en niet God; God is Zelf een 'constitutionele monarch' Wiens autoriteit geheel aan het volk is gedelegeerd en Wiens functie geheel ceremonieel is. De liberaal gelooft in God met dezelfde retorische ijver als waarmee hij in de Hemel gelooft. De overheid die op basis van zulk een geloof is opgericht is, in principe, maar weinig verschillend van een overheid die is opgericht op basis van een volstrekt ongeloof; en wat haar huidige residu van stabiliteit ook mag zijn, het richt zich overduidelijk tot anarchie.

Een overheid moet heersen met de Gratie Gods *of* met de wil van het volk, het moet geloven in autoriteit *of* in de Revolutie; een compromis op deze zaken is enkel mogelijk in schijn en enkel tijdelijk. De Revolutie, net als het ongeloof dat er zonder falen mee gepaard gaat, kan niet halverwege worden stopgezet; het is een kracht die, eenmaal ontwaakt, niet zal rusten tot het in een totalitair koninkrijk van deze wereld is geëindigd. De geschiedenis van de afgelopen twee eeuwen heeft dat boven alles bewezen. Om de Revolutie tot bedaren te brengen en concessies aan te bieden, zoals liberalen dat altijd hebben gedaan en daarmee hebben aangetoond dat zij niet over de waarheid beschikken waarmee zij het zouden kunnen tegengaan, werkt wellicht om het behalen van haar doel uit te stellen, maar niet om het te voorkomen. En om de radicale Revolutie te bestrijden met een eigen Revolutie, of deze nu 'conservatief', 'geweldloos' of 'spiritueel' is, getuigt niet enkel van onwetendheid van de voltallige reikwijdte en aard van de Revolutie van ons tijdperk, maar dient tevens om het basisprincipe van die Revolutie te verhullen: dat de waarheid niet langer waar is en vervangen moet worden door een nieuwe waarheid. In ons volgende hoofdstuk zullen wij over deze kwestie uitweiden door het ultieme doel van de Revolutie nauwkeuriger te definiëren.

---

[6] Zie, bijvoorbeeld, de opmerkingen van Bakoenin over Louis Napoleon in G. P. Maximoff, ed., *The Political Philosophy of Bakunin*, Glencoe, Illinois, The Free Press, 1953, p. 252.

In het liberale wereldbeeld—in diens theologie, diens ethiek, diens politiek en op andere vlakken welke wij nog niet hebben bestudeerd—is de waarheid verzwakt, verzacht en gecompromitteerd; op alle gebieden van ons leven is de waarheid welke ooit absoluut was minder zeker geworden, zo niet volledig 'relatief'. Heden ten dage is het mogelijk—en dit is waar de definitie van de liberale onderneming in feite op neerkomt—om de vruchten van een systeem en een waarheid waar men onzeker van of sceptisch over is voor enige tijd te behouden; maar op zulk een onzekerheid valt niets positiefs te bouwen, noch op de poging het intellectueel respectabel te maken op basis van de verschillende relativistische doctrines welke wij reeds bestudeerd hebben. Een wijsgerige verdediging voor het liberalisme is er niet en kan evenmin bestaan; haar verdedigingen, wanneer niet simpelweg retorisch, zijn louter emotioneel en pragmatisch. Maar het opmerkelijkste feit over de liberaal, duidelijk voor iedere enigszins onpartijdige toeschouwer, is niet zozeer de ontoereikendheid van zijn leer als wel zijn eigen ogenschijnlijke onbewustheid van deze ontoereikendheid.

Dit feit, dat begrijpelijk zeer vervelend is voor welbedoelde critici van het liberalisme, heeft maar een enkele aannemelijke verklaring. De liberaal blijft zelfs in het licht van fundamentele tekortkomingen en tegenstrijdigheden in zijn eigen filosofie onverstoord daar zijn voornaamste belangen elders liggen. Als hij geen belang hecht aan het vestigen van zijn politieke en sociale orde op de Goddelijke Waarheid, als hij geen boodschap heeft aan de realiteit van de Hemel en de Hel, als hij God beschouwt als louter een vaag idee van een onpersoonlijke macht, dan is dat omdat hij meer geïnteresseerd is in de directe wereldse zaken en omdat al het andere hem vaag en abstract voorkomt. De liberaal zou dan wel interesse kunnen hebben in cultuur, in leren, in de zakenwereld of in louter het hebben van comfort; maar in elk van zijn ondernemingen is de dimensie van het absolute simpelweg afwezig. Hij is niet is staat, of niet bereid, na te denken over uiteindelijke doelen of ultieme dingen. De dorst naar absolute waarheid is verdwenen; opgeslokt door het wereldse.

In het liberale universum sluit de waarheid,—dat wil zeggen, leren—uiteraard best aan op het wereldse; maar de waarheid omvat meer dan enkel leren. 'Alwie uit de waarheid is luistert naar mijn stem.'[7] En ongeacht of Hij in zulk een geval al dan niet wordt aanvaardt, geen mens is op zoek gegaan naar de waarheid zonder vervolgens, aan het eind van zijn zoektocht, onze Heer, Jezus Christus, tegen te zijn gekomen, 'de Weg, de Waarheid en het Leven'.

....

[7] Johannes 18:37.

Waarheid die tegenover de wereld staat en een interpellatie is tegen al het wereldse. De liberaal, die zijn universum tegen deze Waarheid beschermd waant, is de 'rijke man' van de parabel, overbelast met zijn wereldse belangen en ideeën, niet bereid deze op te geven in ruil voor de bescheidenheid, armzaligheid en nederigheid welke de kenmerken zijn van de oprechte zoeker naar de waarheid.

Nietzsche heeft een tweede definitie gegeven van het nihilisme of, beter gezegd, een commentaar op de definitie 'er is geen waarheid'; en dat is, 'er is niet langer een antwoord op de vraag: "waarom?"'[8] Nihilisme betekent derhalve dat de ultieme vragen geen antwoorden kennen, dat wil zeggen, geen positieve antwoorden; en de nihilist is hij die de impliciete 'nee' die het universum zogenaamd als antwoord op deze vragen te bieden heeft aanvaardt. Maar er zijn twee manieren waarop dit antwoord te aanvaarden is. Zo is er het extreme pad waarop het in de programma's van Revolutie en vernietiging versterkt en expliciet duidelijk wordt gemaakt; dit is nihilisme in de zin van actief nihilisme, want—in Nietzsches woorden—'Nihilisme is … niet enkel het geloof dat alles verdient te sterven; maar dat men daadwerkelijk de handen uit de mouwen steekt; *dat men vernietigt*.'[9] Maar er is ook een 'gematigd' pad, namelijk hetgeen van het passieve of impliciete nihilisme dat wij hier hebben bestudeerd, het nihilisme van de liberaal, de humanist of de agnost wie, in gezamenlijke overeenstemming dat er 'geen waarheid' is, *niet langer de ultieme vragen stellen*. Actief nihilisme veronderstelt dit nihilisme van scepticisme en ongeloof.

De totalitaire nihilistische regimes van deze eeuw hebben, als een integraal onderdeel van hun programma's, de genadeloze 'herscholing' van hun volgelingen ondernomen. Maar weinigen die voor enige tijd aan dit proces zijn blootgesteld hebben volledig aan de effecten hiervan weten te ontkomen; in een landschap waarin alles een nachtmerrie is, zal iemands grip op de realiteit daar onvermijdelijk onder lijden. Een subtielere 'herscholing', met vrij humane middelen maar desalniettemin met nihilistische gevolgen, wordt al voor enige tijd uitgevoerd in de vrije wereld en nergens zo aanhoudend of zo effectief als in haar intellectuele middelpunt, de academische wereld. Haar externe dwang wordt vervangen door een interne overtuiging; een dodelijk scepticisme regeert, verscholen achter de overblijfselen van een 'christelijk erfgoed' waarin nog maar weinigen geloven, en nog minder dat doen met een diepe overtuiging. De sterke verantwoordelijkheid welke

....

[8] *The Will to Power*, p. 8.
[9] Ibid., p. 22.

ooit door de geleerde mens werd gedragen, het overdragen van waarheid, is verwaarloosd; en al de voorgewende 'nederigheid' die dit feit moet verhullen achter een geraffineerd gezwets van 'de limieten van de menselijke kennis', is louter een van de vele maskers van het nihilisme dat door de liberale academicus wordt gedeeld met de hedendaagse extremisten. De jongeman die—totdat hij is 'herschoold' door de academische omgeving—nog dorst naar de waarheid, krijgt in plaats van de waarheid de 'geschiedenis van ideeën' onderwezen of ziet zijn interesses weggeleid worden naar 'vergelijkende' studies, en het allesdoordringende relativisme en scepticisme waar deze studies mee doordrenkt zijn, zijn voldoende om in vrijwel alle gevallen de dorst naar waarheid volledig weg te vagen.

Heden ten dage is de academische wereld—en deze woorden worden gemakkelijk noch voorzichtig uitgesproken—grotendeels een bron van corruptie geworden. Het is corrumperend om de woorden van mannen die niet in waarheid geloven te moeten lezen of te moeten aanhoren. Het is nog meer corrumperend om, in plaats van de waarheid, meer leerstof te ontvangen die, wanneer het gepresenteerd wordt als zijnde een doel op zich, niet meer is dan een persiflage op de waarheid waar het eigenlijk onderdanig aan zou moeten zijn, niet meer dan een façade zonder enige inhoud. Het is, tragisch genoeg, zelfs corrumperend om blootgesteld te worden aan de voornaamste overgebleven deugd in de academische wereld, de integriteit van diens vooraanstaande vertegenwoordigers—wanneer deze integriteit niet de waarheid maar sceptische studie dient, en zo op een nog effectievere wijze de student weet te verleiden tot de evangelie van het subjectivisme en ongeloof dat in deze studies verscholen gaat. Het is, ten slotte, corrumperend om simpelweg te leven en te werken binnen een omgeving welke volledig is doordrongen van een valse interpretatie van de waarheid, waarin Christelijke Waarheid gezien wordt als irrelevant voor de centrale academische belangen, waarin zelfs zij die vooralsnog geloven in deze Waarheid enkel sporadisch hun stemmen kunnen laten klinken boven het scepticisme dat door het academische systeem wordt gepromoot. De kwaadaardigheid zit, uiteraard, voornamelijk in het systeem zelf, dat gegrondvest is op onwaarheid, en enkel incidenteel in de vele professoren die door dit systeem worden toegestaan en aangemoedigd het te verkondigen.

De liberale, wereldse mens, is de mens die het geloof verloren heeft; en het verlies van perfect geloof is het begin van het einde voor de orde die op datzelfde geloof is gegrondvest. Zij die de prestige van waarheid trachten te behouden zonder er zelf in te geloven, dienen voor hun vijand als het meest effectieve wapen; een louter metaforisch geloof is suïcidaal. De radicale mens valt de liberale leer op ieder punt aan en de sluier van de retoriek levert geen bescherming tegen de krachtige steek van diens scherpe zwaard. De liberaal, onderhevig aan deze aanhoudende aanval, geeft zich op punt na punt gewonnen, gedwongen de waarheid van de aanklachten die tegen hem worden ingediend te bekennen zonder in staat te zijn deze negatieve, kritische waarheid te weerleggen met enige positieve waarheid van zichzelf; totdat, na een lange en veelal geleidelijke overstap, hij plotseling ontwaakt en ziet hoe de Oude Orde, onverdedigd en ogenschijnlijk onverdedigbaar, ten val is gebracht en een nieuwe, 'realistischere'—en genadelozere—waarheid de troon heeft bestegen.

Het liberalisme is het eerste stadium van de nihilistische dialectiek, zowel omdat diens eigen geloof leeg is als omdat diens leegheid een nog nihilistischere reactie teweegbrengt—een reactie welke, ironisch genoeg, nog luider dan het liberalisme verkondigt dat het 'de waarheid liefheeft', terwijl het ondertussen de mensheid een stap verder brengt op de weg naar misvatting. Deze reactie is het tweede stadium van de nihilistische dialectiek: realisme.

2. REALISME

Het realisme waar wij over spreken—een algemene term welke wij verstaan als omvattend de verschillende vormen van het 'naturalisme' en 'positivisme'—betreft, in diens simpelste vorm, de leer die juist onder de naam 'nihilisme' werd gepopulariseerd door Toergenjev in zijn *Vaders en zonen*. Het personage van Bazarov in deze roman is het type van de 'nieuwe mens' van de 'zestiger jaren' in Rusland, zwakzinnige materialisten en deterministen die er werkelijk van overtuigd waren (net als D. Pisarev) de verlossing van de mensheid te kunnen vinden in het ontleden van de kikker, of dachten het niet-bestaan van de ziel bewezen te hebben door deze niet te hebben kunnen vinden tijdens een autopsie. (Men wordt herinnerd aan de sovjetnihilisten, de 'nieuwe mens' van onze eigen 'zestiger jaren', die God niet kunnen vinden in de ruimte.) Deze 'nihilist' is de mens die niets respecteert, voor geen autoriteit neerbuigt, niets (zo denkt hij) op basis van louter geloof aanvaardt, alles beoordeelt door de lens van de wetenschap die als de absolute en exclusieve waarheid wordt beschouwd, en al het idealisme en alle abstractie van de hand wijst ten gunste van het concrete en het feitelijke. Hij is de gelovige, zogezegd, in het 'niets-behalve', in het reduceren van alles dat de mens ooit als 'hogergeplaatst' heeft beschouwd, de zaken van de geest en de ziel, tot het lagere of 'elementaire'; materie, sensatie, het fysieke.

In tegenstelling tot liberale vaagheid lijkt het wereldbeeld van het realisme volkomen helder en vanzelfsprekend te zijn. In plaats van agnosticisme of een ontwijkend deïsme, heerst er een openlijk atheïsme; in plaats van vage 'hogere waarden', naakt materialisme en zelfbelang. Alles is helder in het universum van de realist—behalve hetgeen daadwerkelijk het meest van belang is en de meeste verheldering vereist: diens begin en einde. Waar de liberaal vaag is omtrent de ultieme dingen, is de realist kinderlijk naïef: voor hem bestaan ze simpelweg niet; niets bestaat behalve dat wat het meest voor de hand liggend is.

Dergelijk realisme is, uiteraard, een tegenstrijdigheid, of deze nu de vorm aanneemt van een 'naturalisme' dat tracht een absoluut materialisme en determinisme tot stand te brengen, of een 'positivisme' dat het absolute algeheel beweert te ontkennen, of het doctrinaire 'agnosticisme' dat zo gemakkelijk spreekt over de 'onkenbaarheid' van de ultieme realiteit; wij hebben deze kwestie reeds in sectie 1 van dit hoofdstuk besproken. Maar redenering is, natuurlijk, louter academisch gezien het feit dat het realisme, een logische tegenstrijdigheid, niet behoorlijk als een opzichzelfstaande filosofie wordt beschouwd. Het is de naïeve, ongedisciplineerde gedachte van de niet nadenkende, praktische mens die, in ons tijdperk van overmatige vereenvoudiging, denkt zijn zwakzinnige normen en ideeën aan de rest van de wereld op te kunnen leggen; of, op een iets ander niveau, de even zo naïeve gedachte van de wetenschapper, gebonden, door de vereisten van zijn specialiteit, aan louter het voor de hand liggende, wanneer hij een onrechtmatige poging waagt de wetenschappelijke criteria uit te breiden tot buiten hun natuurlijke grenzen. In het laatste geval betreft het, om een nuttig onderscheid[10] aan te nemen, 'sciëntisme' in tegenstelling tot rechtmatige wetenschap; want het moet duidelijk zijn dat onze opmerkingen hier niet gericht zijn tot de wetenschap zelf, maar tot het ongepaste misbruik van diens maatstaven en methoden zoals dat heden ten dage zo gebruikelijk is.

Is het juist om zulk een filosofie nihilisme te noemen? Of, om preciezer te zijn, betreft het nihilisme in de zin zoals wij de term gedefinieerd hebben? Als waarheid, in de hoogste zin, kennis van het begin en einde der dingen is, van de dimensie van het absolute; en als het nihilisme de leer is dat er niet zulk een waarheid bestaat; dan is het duidelijk dat zij die wetenschappelijke

---

[10] Een onderscheid dat, bijvoorbeeld, door Arnold Lunn werd gemaakt in *The Revolt Against Reason*, New York, Sheed and Ward, 1951, p. 5 *et passim*; en door F. A. Hayek, in *The Counter-Revolution of Science*, Glencoe, Illinois, The Free Press, 1952, pp. 15-16. De eerstgenoemde auteur houdt zich vooral bezig met theoretisch, en de laatstgenoemde vooral met praktisch 'sciëntisme'.

waarheid als de enige waarheid houden, en hetgeen daarboven gelegen is ontkennen, nihilisten in de exacte betekenis van het woord zijn. Het aanbidden van het feit staat geenszins gelijk aan de liefde voor de waarheid; het is, zoals wij reeds hebben gesuggereerd, haar persiflage. Het is de veronderstelling van het fragment als vervanging van het geheel; het is de trotse poging een Toren van Babel op te trekken, een verzameling aan feiten, om tot de hoogten der waarheid en de wijsheid van beneden te kunnen reiken. Maar de waarheid kan enkel worden verkregen door onszelf neer te buigen en hetgeen wij van hogerhand ontvangen te aanvaarden. Al de voorgewende 'nederigheid' van realistische geleerden en wetenschappers, deze mensen van weinig geloof, kunnen de trots van hun collectieve usurpatie van de Troon Gods niet verbergen; in hun benepenheid achten zij hun zorgvuldige 'onderzoek' waardevoller dan Goddelijke Openbaring. Ook voor deze mens 'bestaat er geen waarheid'; en van hen kan gezegd worden wat Basilius de Grote over de heidense Griekse wetenschappers zei, 'Hun verschrikkelijke verworpenheid zal des te groter zijn voor al deze wereldse wijsheid omdat, daar zij hun blik zo sterk richten op vergeefse wetenschappen, zij moedwillig hun ogen hebben gesloten voor de kennis van de waarheid.'[11]

Tot op dit punt zijn wij er echter nog niet in geslaagd het tweede stadium van het nihilisme naar behoren te onderscheiden van het eerste. Ook de meeste liberalen aanvaarden de wetenschap als de exclusieve waarheid; waarin verschillen zij dan van de realisten? Het verschil is er niet zozeer een van doctrine—het realisme is immer in zekere zin niet meer dan gedesillusioneerd en gesystematiseerd liberalisme—als wel een van benadrukking en motivatie. De liberaal bekommert zich niet om absolute waarheid, een houding welke het gevolg is van een buitensporige gehechtheid aan deze wereld; in het geval van de realist, daarentegen, heeft de onbekommerdheid plaatsgemaakt voor een vijandigheid jegens de waarheid, en de gehechtheid aan deze wereld voor een fanatieke toewijding eraan. Deze extreme gevolgen moeten een acutere oorzaak hebben.

Zelf zou de realist zeggen dat deze oorzaak diens liefde voor de waarheid zelve is, een liefde door welke het hem verboden wordt te geloven in een 'hogere waarheid' die niets dan louter fantasie is. Nietzsche, ofschoon hij dit geloofde, zag er een christelijke kwaliteit in welke zich tegen het christendom had gekeerd. 'Het in het christendom hoogontwikkelde besef omtrent de waarheid zal uiteindelijk in opstand komen tegen de onware en fictieve aard van alle christelijke interpretaties van de wereld en diens ge-

[11] *Hexaemeron*, p. 5.

schiedenis.'[12] Wanneer het wordt begrepen in de juiste context, bevatten deze woorden wel een zeker inzicht—al zij het louter gedeeltelijk en vervormd. Nietzsche, in de meest directe zin, rebelleerde tegen een christendom dat door het liberale humanisme aanzienlijk was verdund, een christendom waarin een onbuigzame liefde voor, en een loyaliteit aan, absolute waarheid zeldzaam, zo niet volledig afwezig waren, een christendom dat niet meer dan een moraal idealisme met een vleugje esthetisch sentiment was geworden. Evenzo waren de Russische 'nihilisten' in opstand gekomen tegen het romantische idealisme van 'overbodige mannen' die rondzwierven in een nevelig rijk van fantasie en ontsnapping, volledig gescheiden van enige vorm van realiteit, zowel spiritueel als werelds. De Christelijke Waarheid staat net zo ver verwijderd van zulk een pseudospiritualiteit als het geval is voor het nihilistische realisme. Zowel de christen als de realist zijn bezeten door een liefde voor de waarheid, een wil die niet misleid zal worden, een passie voor het tot op het bot uitzoeken van zaken en het achterhalen van hun ultieme oorzaak; beide wijzen ieder argument als zijnde ontoereikend van de hand dat niet refereert naar een absoluut welke zelf geen verklaring vereist; beide zijn de gepassioneerde vijanden van de frivoliteit van een liberalisme dat weigert de ultieme zaken serieus in beschouwing te nemen en het leven weigert te zien als de plechtige onderneming dat het is. Het is precies deze liefde voor de waarheid waardoor de poging van de liberalen om ideeën en instituties te waarborgen waarin zij niet het volle geloof hebben, en welke niet gegrondvest zijn op absolute waarheid, gedwarsboomd zal worden. Wat is waarheid?—voor de persoon voor wie dit een vitale en brandende vraag is, zal het compromis van het liberalisme en humanisme onmogelijk worden; hij die ooit en met zijn gehele wezen deze vraag heeft gesteld, zal nooit meer tevreden kunnen zijn met wat de wereld bereid is te aanvaarden in plaats van de waarheid.

Maar het is niet voldoende om deze vraag te stellen; men moet er ook het antwoord op vinden, anders zal de uiteindelijke staat van de zoekende erger zijn dan de oorspronkelijke. De christen heeft het enige antwoord op deze vraag gevonden in God en Zijn Zoon; de realist, niet in contact met het christelijke leven en de waarheid dat het animeert, stelt de vraag in een spiritueel vacuüm en neemt genoegen met het aanvaarden van het eerste antwoord dat hij tegenkomt. Door het christendom met een andere vorm van idealisme te verwarren, wijst hij het van de hand en wordt hij een fanatieke volgeling van de enige realiteit die voor de spiritueel blinden voor de hand

---

[12] *The Will to Power*, p. 5.

liggend is: deze wereld. Hoe gemakkelijk het ook is om de vastberadenheid van de toegewijde materialist en atheïst te bewonderen, zelfs de grootste liefdadigheid zal ons niet in staat stellen de liefde voor de waarheid in hem te herkennen welke hem, wellicht, ooit inspireerde; in plaats daarvan is hij het slachtoffer geworden van een liefde voor de waarheid die is afgedwaald, een ziekte is geworden, en geëindigd is in haar eigen ontkenning. De motieven van de realist zijn, in feite, onpuur; hij beweert te weten, op basis van zijn eigen kennistheorie, wat niet geweten kan worden (wij hebben gezien hoe het ontkennen van absolute waarheid op zichzelf een 'absoluut' is); en mocht hij dit doen dan is dat vanwege een verborgen motief, daar hij een andere wereldse waarde belangrijker acht dan de waarheid. De genadeloze realist en 'waarheidszoeker' Nietzsche, verleid door een visioen van de 'Supermens', eindigt in het oproepen van de wil tot onwaarheid en de wil tot macht; marxistisch realisme, omwille van een revolutionair millennium, proclameert een bewind van leugens en bedrogen zoals de wereld nog nooit heeft gezien. De liefde voor waarheid, gedwarsboomd in haar ware doel, wordt geprostitueerd aan een irrationele 'drijfveer' en omgevormd tot een principe van onderwerping en vernietiging; het wordt de vijand van de waarheid welke het niet heeft weten te verkrijgen, van elke vorm van orde die volledig ofwel gedeeltelijk is gegrondvest op de waarheid, en—uiteindelijk—van zichzelf.

Het wordt zelfs een perfecte persiflage op de christelijke liefde voor de waarheid. Waar de christen vraagt naar de ultieme betekenis achter alles en niet tevreden is tot hij ziet dat deze gegrondvest is op God en Zijn Wil, trekt de realist alles in twijfel, maar enkel om zo elke suggestie van of aspiratie naar alles dat hoger gelegen is teniet te doen, en het te reduceren en te simplificeren tot de meest elementaire en voor de hand liggende verklaringen. Waar de christen God in alles ziet, ziet de realist enkel 'ras' of 'geslacht' of de 'wijze van productie'.

Als de realist, derhalve, een gedrevenheid en oprechtheid deelt met de christen dat volledig vreemd is aan de liberale mentaliteit, dan is dat enkel om beter deel te kunnen nemen aan de aanval van de liberaal op de Christelijke Waarheid totdat het doel van deze aanval volbracht is: de volledige vernietiging van Christelijke Waarheid. Wat halfslachtig begon in het liberalisme heeft aan kracht gewonnen in het realisme en zet zich nu voort in de richting van diens catastrofale einde. Nietzsche voorzag in onze eeuw 'het triomf van het nihilisme': Jacob Burkhardt, die gedesillusioneerde liberaal, zag er de opkomst van een tijdperk van dictators in die zogenaamde *'terribles simplificateurs'* zouden zijn. In Lenin en Stalin, Hitler en Mussolini, met hun radicale 'simpele' oplossingen voor de meest complexe problemen, is het volbrengen van deze voorspelling in de politieke kringen al goed van start gegaan. Op een nog dieper niveau kan gezien worden hoe in de universele prestige de nihilistische 'vereenvoudiging' de laagste rang van kennis wordt toegekend, namelijk die van de wetenschap, alsmede van de simplistische ideeën van mannen als Marx, Freud en Darwin welke ten grondslag liggen aan vrijwel het geheel van het hedendaagse gedachtegoed en het leven.

We zeggen 'leven' omdat het belangrijk is te zien dat de nihilistische geschiedenis van onze eeuw niet iets is dat ons van buiten- of bovenaf is opgelegd, of op zijn minst niet hoofdzakelijk; in plaats daarvan heeft het een nihilistische voedingsbodem verondersteld en daar zijn voedingstoffen uit gehaald, hetwelk zich voor lange tijd heeft voorbereid in het menselijke hart. Het is precies het nihilisme van het alledaagse, dat wordt onthuld in het leven, het denken en de aspiratie van het volk, waaruit al de verschrikkelijke gebeurtenissen van onze eeuw zijn voortgekomen. Het wereldbeeld van Hitler is in dit opzicht erg leerzaam, want het extreemste en meest monsterlijke nihilisme berustte in hem op het fundament van een vrij doorsnee en zelfs typisch realisme. Hij deelde het gezamenlijke geloof in 'de wetenschap', 'progressie' en 'verlichting' (maar, uiteraard, niet in 'democratie'), tezamen met een praktisch materialisme dat minachting had voor elke vorm van theologie, metafysica en elke gedachte of daad die te doen had met om het even welke andere wereld behalve het 'hier en nu', en was daarbij trots op het feit dat hij beschikte over 'de gave om elk probleem te kunnen reduceren tot diens eenvoudigste grondbeginselen.'[13] Hij beschikte over een primitieve eerbied voor efficiëntie en utiliteit die vrijelijk 'anticonceptie' tolereerde, die lachte om het instituut van het huwelijk als een louter legalisatie van een seksueel impuls dat 'vrij' zou moeten zijn, die sterilisatie van de 'ongeschikte' verwelkomde, die 'onproductieve elementen' zoals monniken verafschuwde, die niets zag in het cremeren van de doden behalve een 'praktische' kwestie en niet aarzelde om van het as, of de huid en het vet, van de doden 'productief gebruik te maken'. Hij bezat de quasianarchistische wantrouw van heilige en eerbiedwaardige instituten, met name de kerk met haar 'bijgeloven' en al haar 'achterhaalde' wetten en ceremonieën. (Wij hebben reeds de gelegenheid gehad zijn afschuw voor de monarchie op te merken, een beslissende factor in zijn weigeren de titel van Keizer aan te nemen.) Tevens beschikte

---

[13] Geciteerd in Hermann Raschning, *The Voice of Destruction*, New York, G. P. Putnam's Sons, 1940, p. 6. Het restant van deze omschrijving is voornamelijk gestoeld op *Hitler's Secret Conversations, 1941-1944*, New York, Farrar, Straus and Young, 1953.

hij over een naïef vertrouwen in de 'natuurlijke mens', het 'gezonde dier' dat de christelijke normen verafschuwt—met name maagdelijkheid—welke het 'natuurlijke functioneren' van het lichaam belemmeren. Hij had een zwakzinnig genot in de moderne gemakken en machines, en met name in de auto en het gevoel van snelheid en 'vrijheid' dat het hem verleende.

Er is maar weinig aan deze primitieve *Weltanschauung* dat niet tot zekere mate gedeeld wordt door de hedendaagse menigten, met name onder de jongeren die zichzelf 'verlicht' en 'bevrijd' wanen, weinig dat niet typisch 'modern' is. En het is precies op basis van zulk een realisme, waarin er geen plek meer is voor de 'ingewikkelde' christelijke kijk op het leven en de uiterst belangrijke realiteiten van de spirituele wereld, dat de grofste bijgeloven en meest flagrante goedgelovigheid weten te gedijen. De goedbedoelde mens denkt de verschijning van een volgende Hitler te kunnen verhinderen door 'irrationaliteit' te bestrijden en 'de rede', 'de wetenschap' en 'het gezond verstand' te verdedigen; maar buiten de context van Christelijke Waarheid vormen deze waarden, die tezamen een eigen vorm van realisme vormen, een voorbereiding voor, en niet een verdediging tegen, de opkomst van een andere 'verschrikkelijke vereenvoudiger'. De meest effectieve hedendaagse 'vereenvoudigers' zijn zij die de macht in handen hebben binnen de Sovjet-Unie, zij die 'de wetenschap' en 'het gezond verstand' hebben omgevormd tot een religie; en ieder die zich richt tot de meest bijgelovigen der mensen voor een verdediging tegen om het even welke waarde het waard is te verdedigen, zal bedrogen uitkomen.

Het realisme behoort zonder twijfel tot de 'tijdgeest', en ieder die zich als onderdeel van deze geest beschouwt heeft zich er aan moeten aanpassen. Het humanisme, dat in een meer ontspannen tijdperk een 'idealistischer' en liberalere kleur droeg, heeft zich derhalve genoodzaakt gevoeld 'met de tijd mee te gaan' en een realistischere toon aan te nemen. De naïevere mensen hebben een humanistische religie gesticht welke zichzelf identificeert met de drijfveren van 'de wetenschap' en 'progressie', en welke de tegenstrijdigheden die wij reeds hebben besproken tot dogma heeft gemaakt;[14] het zijn mensen als deze die in staat zijn om ook in het marxisme een soort 'humanisme' te zien. Maar zelfs in de meest ontwikkelden van de hedendaagse humanisten, in de hoffelijkste geleerden en staatsmannen, komt de toon van het realisme onmiskenbaar naar voren. Dit wordt blootgesteld in, bijvoorbeeld, de invasie van de wetenschappelijke methoden en houdingen van de laatste bolwerken van de 'menswetenschappen'; geen hedendaagse geleerde, in om het even

---

[14] Zie, bijvoorbeeld, de geschriften van Corliss Lamont of Julian Huxley.

welk vakgebied, waant zich veilig tenzij diens werk zo 'wetenschappelijk' mogelijk is (wat, natuurlijk, doorgaans 'sciëntistisch' betekent). Het realisme kan, wederom, gezien worden in de stoïcijnse, wereldswijze en vaak cynische toon van allen behalve the meest naïeve (of religieuze) der hedendaagse humanisten; hun ingebeelde 'vrijheid van illusie' is ook, in grote mate, een desillusie geweest; zij 'weten nu beter' dan hun geloof te vestigen op de 'hogere waarheden' welke hun voorvaderen geruststelden.

Het humanisme, in het kort, heeft het realisme aanvaard—en daarmee, zo denkt het, de realiteit; in de overgang van het liberalisme naar het realisme ziet de humanist niet enkel desillusie, maar een proces van 'volwassen worden'. De orthodoxe christen ziet, natuurlijk, iets geheel anders. Als de functie van het liberalisme het verhullen was, met de rook van 'tolerantie' en agnosticisme, van de hogere waarheden omtrent God en het spirituele leven, dan is het de taak geweest van het realisme dat wij hebben bestudeerd om deze waarheden uit te roeien. In dit tweede stadium van de voortgang van de nihilistische dialectiek is de Hemel afgesloten voor de blik van de mens, en heeft de mens besloten zijn ogen niett meer van de aarde af te wenden, maar om voortaan louter in en voor deze wereld te leven. Dit realistische besluit is even zo aanwezig in een ogenschijnlijk onschuldig 'logisch positivisme' en wetenschappelijk humanisme als het is in het overduidelijk satanische fenomeen van het bolsjewisme en het nationaalsocialisme. De gevolgen van dit besluit zijn verborgen voor zij die dit besluit nemen, daar deze de ware realiteit waarvoor het realisme blind is omvatten: de realiteit zowel boven als onder het nauwe realistische universum. Wij zullen zien hoe het afsluiten van de Hemel bepaalde onverwachte machten van beneden ons zal losmaken welke van de nihilistische droom van een 'nieuwe aarde' een nachtmerrie zullen maken, en hoe de 'nieuwe mens' van het realisme minder zal lijken op een mythologisch 'volledig ontwikkelde' perfecte mensheid als wel op een waarachtige 'submensheid' zoals wij deze nog nooit in de geschiedenis van de mensheid zijn tegengekomen.

Wij zullen nu de volgende stap in de voortgang van het nihilisme verkennen door welke deze doelstellingen zullen worden gerealiseerd: vitalisme.

3. VITALISME

Het liberalisme en het realisme hebben de mens voor meer dan een eeuw langs een verkeerd pad geleid welks einde, als het pad niet afgebogen was geweest, iets geweest zou zijn als die 'omgekeerde utopieën' waar wij zoveel van hebben gehoord,—een nog verschrikkelijker 'heerlijke nieuwe wereld' wellicht, een onmenselijk technologisch systeem waarin alle wereldse problemen zouden worden opgelost ten koste van de slavernij van de menselijke ziel. Tegen deze utopie van het rationalistisch plan hebben vele protesten zich gericht in de naam van het concrete en persoonlijke, van de ongeplande en onsystematische behoeften van de menselijke natuur die op zijn minst essentieel zijn, zelfs voor een louter werelds 'geluk', zoals de meer voor de hand liggende materiële behoeften; een protest, boven alles, in de naam van 'het leven', dat, wat het ook mag betekenen, overduidelijk onderdrukt zal worden in het paradijs van de realist.

De voornaamste intellectuele drijfveer voor de vitalistische beweging was een reactie tegen de verduistering van hogere realiteiten in de 'vereenvoudiging' van de wereld van het realisme. ofschoon het dit voor zich heeft, moeten wij aan de andere kant de absolute mislukking van het vitalisme op dit niveau erkennen. Zonder een toereikend fundament in, of zelfs maar een bewustzijn van, de Christelijke Waarheid, hebben zij die zichzelf hebben toegelegd op het corrigeren van de radicale mankementen van het realisme daar remedies voor verzonnen welke niet enkel zinloos zijn gebleken, maar zelfs schadelijk; remedies welke in feite symptomen zijn van een geavanceerder stadium van de ziekte die zij trachtten te genezen.

Want net zoals dat het realisme, terwijl het zich afzette tegen de vaagheid van het liberalisme, zichzelf verdoemde tot steriliteit door de liberale verduistering van hogere waarheden te aanvaarden, zo ook ondermijnde het vitalisme diens eigen hoop door de kritiek op absolute waarheid, geleverd door het realisme waar het zich juist tegen trachtte te verzetten, te aanvaarden als een essentiële veronderstelling. Hoe sterk de vitalist ook hunkert naar het 'spirituele' en het 'mystieke', hij zal deze nooit zoeken in de Christelijke Waarheid daar hij er, evenzeer als de meest blinde realist, volledig van overtuigd is dat dit voor hem 'achterhaald' is. Kenmerkend voor de vitalistische houding in dit geval is de klaagzang van W. B. Yeats in zijn autobiografie over hoe hij 'door Huxley and Tyndall, die ik verafschuwde, werd ontnomen van de kleingeestige religie van mijn jeugd.' Wat voor psychologische rechtvaardiging zulk een houding ook mag hebben, het heeft niets van doen met de waarheid; en de gevolgen zijn niets behalve schadelijk gebleken. Er is geen vorm van het vitalisme dat niet naturalistisch is, geen welks gehele programma niet begint en eindigt in deze wereld, geen welks benadering van een andere wereld ook maar iets behalve een persiflage is. Het pad van het nihilisme, laat ons dit nogmaals benadrukken, is 'progressief' geweest; de misvattingen van het ene stadium worden herhaald en verveelvoudigd in het daaropvolgende.

Er bestaat derhalve geen twijfel over dat er in het vitalisme een terugkeer naar christelijke—of enige andere—waarheden gevonden kan worden. Er heerst, echter, onvermijdelijk enig voorwendsel onder de vitalisten om deze terugkeer ook daadwerkelijk te maken. Vele critici hebben zelfs het 'pseudoreligieuze' karakter van het marxisme opgemerkt, al is deze bijnaam enkel toepasbaar op de misplaatste ijver van diens ambitieuzere volgelingen, en niet op diens leer, welke maar al te duidelijk antireligieus van karakter is. In het vitalisme wordt de 'pseudoreligieuze' kwestie veel serieuzer. Hier wordt een vrij begrijpelijke klaagzang over het verlies van spirituele waarden namelijk grondlegger van, aan de ene kant, subjectieve fantasieën en (soms) zelfs van een wezenlijk satanisme, wat door de ongenuanceerde persoon gezien wordt als openbaringen van de 'spirituele' wereld, en, aan de andere kant, van een wortelloos eclecticisme welke diens ideeën ontleent aan elke beschaving en elk tijdperk en vervolgens een volledig arbitraire samenhang vindt tussen deze verkeerd begrepen fragmenten en diens eigen verdorven opvattingen. Pseudospiritualiteit en pseudotraditionalisme, los van elkaar ofwel tezamen, zijn integrale elementen van veel van de vitalistische systemen. Wij moeten derhalve voorzichtig te werk gaan wanneer wij de beweringen van zij die weer een 'spirituele' betekenis aan het leven willen toekennen bestuderen, en met name in het geval van hen die zichzelf zien als de bondgenoten of aanhangers van het 'christendom'. 'Spirituele' misvattingen zijn vele malen gevaarlijker dan welke vorm van louter materialisme dan ook; en in Deel Drie van dit werk zullen wij zien dat de meerderheid van wat heden ten dage doorgaat als zijnde 'spiritualiteit' in feite een 'nieuwe spiritualiteit' is, een kanker die ontstaan is uit het nihilisme en zichzelf hecht aan gezonde organismen om hen van binnenuit te vernietigen. Deze tactiek is exact het tegenovergestelde van de gewaagde aanval op de waarheid en het spirituele leven van de realisten; maar is desalniettemin een nihilistische tactiek, alsmede een geavanceerdere.

Intellectueel gezien veronderstelt het vitalisme derhalve een afwijzing van Christelijke Waarheid tezamen met een bepaald pseudospiritueel voorwendsel. ofschoon wij ons dit realiseren, zullen wij vooralsnog onvoorbereid zijn de vitalistische beweging te begrijpen zolang wij ons niet bewust zijn van de spirituele staat van de mensen die haar vaandeldragers zijn geworden. In het liberalisme en het realisme ligt de nihilistische ziekte nog vrij dicht aan het oppervlak; het is vooralsnog een kwestie van persoonlijke filosofie en beperkt zich tot een intellectuele eliteklasse. In het vitalisme, daarentegen,—zoals al in het marxisme het geval is, de extreemste manifestatie van de realistische mentaliteit—ontwikkelt deze ziekte zich niet enkel kwalitatief, maar verspreidt het zich ook kwantitatief; voor het eerst begint ook het gewone volk kenmerken van het nihilisme tentoon te spreiden welke voorheen louter beperkt waren tot een kleine groep mensen.

Dit feit is, natuurlijk, in volledige overeenstemming met de interne logica van het nihilisme dat, net als het christendom dat het als doel heeft te vernietigen, naar universaliteit streeft. Tegen het midden van de negentiende eeuw uitten de oplettende denkers hun bezorgdheid over het vooruitzicht van de 'ontwaakte' menigten, zij die zouden worden uitgebuit door de 'verschrikkelijke vereenvoudigers'; en tegen de tijd van Nietzsche, de machtigste van de vitalistische 'profeten', had deze bezorgdheid zich dieper genesteld en was het een zekerheid geworden. Nietzsche zag hoe de 'Dood van God' begonnen was diens eerste schaduwen over Europa te werpen'; en ofschoon 'de gebeurtenis te groots, te ver weg en te ver verwijderd van eenieders gevoel van bezorgdheid is om te kunnen veronderstellen dat zelfs louter de berichtgeving ervan hen al bereikt zou kunnen hebben', was diens komst een zekerheid, en het waren mannen als Nietzsche die 'de eerstgeborenen en vroegtijdige kinderen van het komende tijdperk'[15] waren—het tijdperk, laat ons dit niet vergeten, van de 'triomf van het nihilisme'.

De Christelijke Waarheid die door het liberalisme is ondermijnd en door het realisme is aangevallen is niet louter een filosofische Waarheid, maar de Waarheid over het leven en de verlossing; en wanneer de menigten die door deze Waarheid zijn gevoed er meer en meer van overtuigd raken dat het niet langer aannemelijk is, dan zal het resultaat daarvan niet een louter urbaan scepticisme zijn zoals hetgeen waar een aantal liberalen hun troost in vinden, maar een spirituele catastrofe van enorme proporties, een catastrofe die diens stempel op elk aspect van het menselijk leven en denken zal drukken. Denkers als Nietzsche voelden de aanwezigheid van de eerste schaduwen van deze catastrofe en waren derhalve in staat het in enig detail te omschrijven en een aantal van diens consequenties te abstraheren; maar het was niet totdat deze schaduwen de harten van de menigten begonnen te vullen dat deze consequenties zich op grotere schaal konden manifesteren. Tegen het eind van de negentiende eeuw begon een toenemend aantal doorsnee mensen aan deze rusteloze zoektocht—welke inmiddels een groot deel uitmaakt van wat wij heden ten dage om ons heen zien—naar het vinden van een vervanger voor de God Die dood was in hun harten. Deze rusteloosheid is de voornaamste drijfveer geweest van het vitalisme; het is als het ware een klei die klaar is om gevormd te worden naar het patroon van de intellectuele

---

[15] Friedrich Nietzsche, *De vrolijke wetenschap*, #343

vooronderstellingen welke wij zojuist hebben besproken, door ambachtslieden die hun inspiratie halen uit de nieuwste stroming van de 'tijdgeest'. Wij zijn wellicht geneigd om deze rusteloosheid te zien in de zin van diens uitbuiting door de nihilistische demagogen, maar het is een belangrijke stimulans geweest voor vitalistische kunst en religie. En de aanwezigheid van dit component in het merendeel van de vitalistische fenomenen is de reden waarom zij—in tegenstelling tot de ogenschijnlijke 'geestelijke gezondheid' van het liberalisme en het realisme—symptomen tentoon spreiden van niet enkel intellectuele afdwaling, maar ook van spirituele en psychologische disoriëntatie.

Wij zullen ons er goed aan doen, voordat wij verdergaan met een beschouwing van de formelere manifestaties van het vitalisme in zowel de wijsbegeerte als de kunst, om de algemene manifestaties van deze onuitgesproken rusteloosheid welke aan alle anderen ten grondslag liggen nader te bestuderen. Is het wel zo zeker als wij hebben geïmpliceerd dat het, uiteindelijk, een kenmerk van het nihilisme is? Velen zullen het bezwaar maken dat diens invloed maar al te vaak wordt overdreven, dat het simpelweg een nieuwe vorm is van iets dat altijd al heeft bestaan, zelfs dat het een belachelijk voorwendsel is om iets dat zo alledaags is te vereren met de verheven term nihilisme. Er bestaat, natuurlijk, wel enige basis voor zulk een veroordeling; desalniettemin kan het nauwelijks worden ontkend dat het moderne fenomeen op meerdere belangrijke opzichten verschilt van elk van diens voorgangers. Heden ten dage bestaat het, voor het eerst in de geschiedenis, op een dermate grote schaal dat het bijna universeel genoemd kan worden; 'normale' remedies, de remedies van het gezond verstand, lijken er geen enkele vat op te hebben en lijken het zelfs aan te moedigen; en diens verloop komt exact overeen met de uitbreiding van het moderne ongeloof, zodat wanneer de een niet de oorzaak is van de ander, zij beide in ieder geval parallelle manifestaties zijn van een en hetzelfde proces. Deze drie punten hangen zo sterk samen dat wij hen in de hierop volgende discussie niet van elkaar zullen scheiden, maar hen tezamen zullen behandelen.

De fascistische en nationaalsocialistische regimes waren het bekwaamst in het uitbuiten van de volkse rusteloosheid en het vervolgens te gebruiken voor hun eigen doeleinden. Maar het blijft een 'vreemd' feit—'vreemd' voor ieder die de tijdgeest niet begrijpt—dat deze rusteloosheid niet gestild is door het verslaan van diens voornaamste uitbuiters, maar sindsdien juist in kracht is toegenomen en—het 'vreemdst' van allemaal—dit met name heeft gedaan in de landen die het verst gevorderd zijn in de democratische en liberale ideologieën en het meest zijn gezegend met wereldse welvarendheid, terwijl dit in 'achtergestelde' landen enkel is gebeurd in directe proporties met hun eigen bewuste inspanning richting deze doeleinden. Oorlog noch liberaal idealisme noch welvarendheid kan het tot bedaren brengen—noch lukt het marxistische idealisme dit, daar de welvarendheid van de Sovjet-Unie hetzelfde fenomeen teweeg heeft gebracht; deze remedies zijn ineffectief, want de ziekte zit dieper dan tot waar zij kunnen reiken.

De opvallendste manifestatie van deze volkse rusteloosheid is wellicht toch wel te vinden in de misdaadcijfers, en dan met name in die van de jeugdcriminaliteit. In het merendeel van de voorgaande eeuwen was misdaad een lokaal fenomeen en waren diens aantoonbare en begrijpelijke oorzaken te wijzen aan de menselijke passies als hebzucht, wellust, afgunst, jaloezie en dergelijke; nooit eerder is er meer geweest dan louter een zwak voorproefje op het soort misdaad dat kenmerkend is geworden voor onze tijd, misdaad dat enkel bij de naam genoemd kan worden waar de hedendaagse avant-garde zo dol op is in een andere nihilistische context: 'absurd'.

Een ouder wordt vermoord door een kind, of een kind door een ouder; een volslagen vreemde wordt in elkaar geslagen of vermoord—maar niet beroofd—door een individu of een 'bende'; dergelijke 'bendes' terroriseren hele buurten tijdens hun ronddolen of met hun zinloze onderlinge oorlogen; en met welk doel? Het is een tijdperk van 'vrede' en 'welvarendheid', maar de criminelen ontspringen net zo goed uit de 'beste' als uit de 'slechtste' elementen van de maatschappij, er is geen 'praktische' reden voor hun gedrag en er heerst vaak een algehele veronachtzaming voor voorzorgsmaatregelen of consequenties. Wanneer zij worden ondervraagd rechtvaardigen allen die voor dergelijke misdaden worden aangehouden hun gedrag op dezelfde manier: het was een 'impuls' of een 'drang' dat hen zo deed handelen, of zij beleefden een sadistisch genot aan het plegen van de misdaad, of er was een volledig irrelevant voorwendsel voor, zoals verveling, verwarring of rancune. Anders gezegd kunnen zij hun gedrag helemaal niet verklaren, er is geen gemakkelijk begrijpbaar motief voor, en als gevolg—en dit is wellicht het meest consistente en opvallendste kenmerk van dergelijke misdaden—er is geen enkele sprake van spijt.

Er zijn, natuurlijk, andere minder gewelddadige vormen van volkse rusteloosheid. Zo is er de passie voor beweging en snelheid, welke met name tot uitdrukking komt in de waarachtige cultus van de automobiel (deze passie hebben wij reeds opgemerkt in Hitler); de universele aantrekkingskracht van de televisie en bioscoop, welks meest frequente functie de kortstondige ontsnapping aan de realiteit is, zowel door hun eclectische en 'aangrijpende' onderwerpen als door het hypnotische effect van deze media zelf; het toenemende primitieve en barbaarse karakter van popmuziek en van de wellicht authentiekere uitdrukking van de hedendaagse ziel, 'jazz'; de cultus van fysieke kracht in sport en het morbide aanbidden van de 'jeugd' waar het deel van uitmaakt; de prevalentie van en algemene toegeeflijkheid aan seksuele promiscuïteit, getolereerd door vele zogenaamd verantwoordelijke ouders als indicatief van de 'openheid' van de hedendaagse jeugd en als zijnde louter een andere vorm van de 'open', 'experimentele' houding welke zo wordt aangemoedigd in de kunst en de wetenschappen; het disrespect voor autoriteit dat gestimuleerd wordt door een populaire houding welke geen andere waarden erkent behalve het 'onmiddellijke' en het 'dynamische' en welke de meest 'idealistische' jeugd aanzet tot demonstraties tegen 'repressieve' wetten en instituties.

In dergelijke fenomenen is 'activiteit' overduidelijk een ontsnapping—een ontsnapping aan verveling, aan betekenisloosheid en vooral aan de leegte die bezit neemt van het hart dat God in de steek heeft gelaten, het hart dat de Geopenbaarde Waarheid alsmede de moraliteit en het geweten die afhankelijk zijn van die Waarheid in de steek heeft gelaten. In de complexere manifestaties van de vitalistische impuls, waar wij ons nu tot zullen richten, heerst er eenzelfde psychologie. Wij zullen voor nu niet meer doen dan ons louter een voorstel maken van de weelde van deze manifestaties, daar wij het merendeel van hen later in detail zullen behandelen in hun rol als vormen van de 'nieuwe spiritualiteit'.

In de politiek zijn de succesvolste vormen van het vitalisme Mussolini's cultus van activisme en geweld, en Hitlers duisterdere cultus van 'bloed en aarde' geweest; de aard van deze moet de huidige generatie dermate bekend voorkomen dat wij ze in deze context niet uitgebreider hoeven te behandelen. Heden ten dage, wanneer de politieke barometer zo overduidelijk naar 'links' wijst, is het wellicht minder duidelijk hoe diepgaand de aantrekkingskracht van deze bewegingen was toen zij een jaar of veertig ten tonele verschenen. Losstaand van de ontwortelde menigten, die als het principiële doelwit van hun uitbuiting dienden, werd een niet onaanzienlijk deel van de intellectuele en culturele avant-garde ook enthousiaste sympathisanten van de nihilistische demagogen, of in ieder geval voor enige tijd. Als een klein aantal onder de verfijnden het nazisme ofwel het fascisme als 'nieuwe religie' aanhielden, werd een van de twee door op zijn minst sommigen verwelkomd als een heilzaam tegengif tegen de 'democratie', 'wetenschap' en 'progressie' (dat wil zeggen, het liberalisme en het realisme) welke een toekomst leken te beloven die geen gevoelig mens zich zou kunnen inbeelden zonder een gevoel van angst; hun 'dynamisme', 'vitaliteit' en pseudotraditionalisme leken bedrieglijk 'verfrissend' voor velen die de verstikkende intellectuele atmosfeer van die tijd inademden.

De moderne kunst heeft een soortgelijke aantrekkingskracht gehad, en haar soortgelijke reactie op het levenloze academische 'realisme' is eveneens uitgekomen op onbekende velden. Nieuwe en exotische bronnen en invloeden zijn gevonden in de kunst van Afrika, de Oriënt, de Zuidzee, de prehistorische mens, kinderen, krankzinnigen en in het spiritisme en occultisme. Continue 'proefneming' is de norm geweest, een constante zoektocht naar 'nieuwe' vormen en technieken; inspiratie werd voornamelijk gevonden in het 'barbaarse', het 'primitieve' en het 'spontane'. Net als de futuristen in hun manifest (al kan het futurisme nauwelijks serieus worden genomen als kunstvorm), hebben de kenmerkendste moderne artiesten 'iedere vorm van originaliteit, vrijmoedigheid en extreem geweld' in hun werken geromantiseerd, en hebben zij op soortgelijke wijze geloofd dat 'onze handen vrij en puur' zijn, 'klaar om een nieuwe start te maken'.

De artiest, volgens de vitalistische mythe, is een 'schepper', een 'genie', hij is 'geïnspireerd'. In zijn kunst wordt het realisme getransformeerd door 'visie'; het is een teken en een profetie van een 'spirituele ontwaking'. De artiest is zogezegd een 'magiër' in zijn eigen wereld net als Hitler dat was in de politiek; en in beide gevallen is het niet de waarheid, maar subjectieve gevoelens die de overhand hebben.

In religie—of, preciezer gezegd, pseudoreligie—heeft de rusteloze proefneming die zo kenmerkend is voor het vitalisme zich gemanifesteerd in zelfs nog meer gevarieerde vormen dan in de scholen van de moderne kunst het geval is geweest. Zo zijn er, bijvoorbeeld, de sektes welks godheid een vage, immanente 'kracht' is; dit zijn de variëteiten van 'nieuwe gedachten' en het 'positieve denken', wier belang het benutten en gebruiken van deze 'kracht' is als zijnde het een soort elektriciteit. Nauw verwant aan deze zijn het occultisme en het spiritisme, alsmede zekere valse vormen van de 'oosterse wijsheid' welke alle voorwendselen van een verwantschap met 'God' nadrukkelijk laten vallen om onmiddellijkere 'krachten' en 'aanwezigheden' op te roepen.

Religieus vitalisme steekt ook de kop op in de wijdverspreide cultus van het 'bewustzijn' en de 'realisatie'. In een vrij ingetogen vorm is dit aanwezig in de volgelingen van de moderne kunst en de 'creatieve daad' en de 'visie' door welke deze kunstvorm wordt geïnspireerd. De willekeurige zoektocht naar 'verlichting', zoals het geval is in zij die onder de invloed zijn van het zenboeddhisme, is een extremere vorm van deze cultus; en de zogenaamde 'religieuze ervaring' welke gestimuleerd wordt door verschillende drugs is, wellicht, zijn *reductio ad absurdum*.

Nogmaals, er is een poging een pseudoheidense cultus te scheppen op basis van de 'natuur', en dan met name haar meest 'primaire' en 'eenvoudigste' elementen: de aarde, het lichaam, seks. Nietzsches 'Zarathoestra' is een machtige 'profeet' van deze cultus, en het is het centrale thema van D. H. Lawrence en andere romanschrijvers en dichters van deze eeuw.

Ook is er de poging, in de meeste vormen van het 'existentialisme' en 'personalisme', religie om te vormen tot niets meer dan een persoonlijke 'ontmoeting' met andere mensen en—soms—met een vaag voorgestelde 'God'; of, in het pathologische, atheïstische 'existentialisme', een poging een religie te creëren van 'verzet' en een uitzinnige zelfaanbidding.

Al deze vitalistische manifestaties van de 'religieuze drijfveer' hebben een vijandigheid jegens elke stabiele of onveranderlijke leer of instituut, en een groot belang voor en een streven naar de 'onmiddellijke' waarden van 'leven', 'vitaliteit', 'ervaring', 'bewustzijn' of 'extase' met elkaar gemeen.

Wij hebben de opvallendste kenmerken van het vitalisme uiteengezet en ons een voorstel gemaakt van diens omvang; nu moeten wij de term zelf nog definiëren en zijn nihilistische karakter blootstellen. Het liberalisme, zoals wij hebben gezien, ondermijnde de waarheid door middel van een onverschilligheid ervoor, terwijl het tegelijkertijd wist vast te houden aan de prestige van haar naam; en het realisme viel het aan in de naam van een minderwaardige, gedeeltelijke waarheid. Het vitalisme, in tegenstelling tot de vorige twee, staat geenszins in verband met de waarheid; het wijdt simpelweg diens volledige aandacht toe aan iets van een geheel andere orde.

'De onwaarheid van een mening,' zo zei Nietzsche, 'is voor ons geen bezwaar tegen de mening.... De vraag is in hoeverre een mening levensvorderend is, levensbehoudend....'[16] Wanneer zulk een pragmatisme begint, gaat het nihilisme over in het vitalistische stadium dat gedefinieerd kan worden als de eliminatie van waarheid als het criterium van menselijk handelen en als de vervanging voor een nieuwe maatstaf: het 'levengevende', het 'vitale'; het is de definitieve scheiding van het leven van de waarheid.

Het vitalisme is een geavanceerdere vorm van het realisme; ofschoon het het smalle blikveld op de realiteit en diens streven naar het reduceren van al het hogere tot het laagst mogelijke deelt met het realisme, draagt het vitalisme de intentie van het realisme nog een stap verder. Waar het realisme een absolute waarheid van onderaf tracht te herstellen, brengt het realisme de mislukking van dit project tot uitdrukking in het licht van het 'realistischere' besef dat er hier beneden geen absolute waarheid te vinden is, dat het enige

---

[16] Friedrich Nietzsche, *Voorbij goed en kwaad*, #4.

onveranderlijke principe in deze wereld verandering zelf is. Het realisme reduceert het bovennatuurlijke tot het natuurlijke, het Geopenbaarde tot het rationele, waarheid tot objectiviteit; het Vitalisme gaat echter nog een stap verder en reduceert alles tot subjectieve ervaring en sensatie. De wereld die ooit zo solide leek, de waarheid die voor de realist ooit zo gewaarborgd leek, deze verdwijnen in het vitalistische perspectief; de geest kent geen rustplek meer, alles wordt opgeslokt in beweging en handeling.

De logica van het ongeloof leid onverbiddelijk tot de afgrond; hij die weigert terug te keren naar de waarheid zal deze misvatting tot haar onvermijdelijke ondergang moeten volgen. Zo zal ook het humanisme bezwijken onder de vitalistische bacterie nadat het met het realisme besmet is geraakt. Van dit feit is geen betere indicatie te noemen dan de 'dynamische' maatstaven welke een prominenter wordende plaats hebben ingenomen in de formele kritiek op de kunst en literatuur, en zelfs in religieuze, filosofische en wetenschappelijke discussies. Heden ten dage worden in deze velden geen andere kwaliteiten meer geprezen dan die van 'origineel', 'experimenteel' of 'aangrijpend'; de kwestie van waarheid, als deze überhaupt al ter sprake komt, wordt meer en meer naar de achtergrond verdreven en vervangen door subjectieve criteria: 'integriteit', 'authenticiteit', 'individualiteit'.

Zulk een aanpak is een open uitnodiging voor obscurantisme, om nog maar over bedrieglijkheid te zwijgen; en als het laatste van de hand gewezen kan worden als zijnde louter een verleiding voor de vitalist welke nog niet de norm is geworden, dan is het geenszins mogelijk het steeds openlijker obscurantisme te negeren door welke het vitalistische temperament wordt getolereerd en zelfs aangemoedigd. Het wordt in het hedendaagse intellectuele klimaat zelfs nog moeilijker om toe te treden tot rationele discussievoering met vitalistische apologeten. Wanneer men, bijvoorbeeld, zou vragen naar de betekenis van een hedendaags kunstwerk, zal hem verteld worden dat het geen 'betekenis' heeft, dat het 'pure kunst' is en enkel 'gevoeld' kan worden, en dat wanneer de criticus het niet 'voelt' hij evenmin over het recht beschikt er zijn mening over uit te laten. De poging enige maatstaf van kritiek te introduceren, zelfs van de meest elementaire en technische soort, zal worden weerlegd met de bewering dat oude maatstaven niet kunnen worden toegepast op de nieuwe kunst, dat zij 'statisch' zijn, 'dogmatisch', of simpelweg 'gedateerd' en dat kunst heden ten dage enkel kan worden beoordeelt op basis van haar succes in het volbrengen van haar eigen unieke intenties. Wanneer de criticus een morbide of inhumane intentie achter het kunstwerk ziet, dan is de rechtvaardiging daarvoor dat het een nauwkeurige weerspiegeling is van de 'tijdgeest' en wordt het geïmpliceerd dat een mens naïef is als hij gelooft dat kunst eigenlijk meer zou moeten zijn dan dat. Dit laatste argument is, natuurlijk, het favoriete argument van iedere hedendaagse avant-garde, zij deze literair, filosofisch ofwel 'religieus'. Voor hen die de waarheid beu zijn is het voldoende dat een ding slechts 'is' en dat het 'nieuw' en 'aangrijpend' is.

Dit zijn, wellicht, begrijpelijke reacties op de overmatig literaire en utilitaire aanpak van het liberalisme en het realisme wat betreft de kunst en religie, daar deze gebruikmaken van een taal welke geheel verschilt van de prozaïsche taal van de wetenschap en het zakenleven; om effectief kritiek op hen te kunnen leveren zal men hun taal moeten begrijpen en weten wat zij proberen duidelijk te maken. Maar wat net zo duidelijk is, is dat *zij iets proberen te zeggen:* alles dat de mens doet heeft een betekenis, en elke serieuze artiest en denker probeert iets met zijn werk over te brengen. Als verkondigd zou worden dat niets een betekenis heeft, of dat er enkel het verlangen is om de 'tijdgeest' tot uitdrukking te brengen, of dat er helemaal geen verlangen is om iets over te brengen—wel, dan zijn ook dat betekenissen, erg angstaanjagende betekenissen, welke door de competente criticus zeker zullen worden opgemerkt. Helaas, maar veelzeggend, wordt de taak van de hedendaagse criticus vrijwel geheel geïdentificeerd met dat van rechtvaardigen; de rol van de criticus wordt over het algemeen gezien als niets meer dan het toelichten, aan de onwetende menigten, van de nieuwste 'inspiratie' of de 'creatieve genie'.[17] Zo neemt passieve 'ontvankelijkheid' de plek in van actieve intelligentie, en 'succes'—het bereikte succes van de 'genie' in het tot uitdrukking brengen van diens intentie, ongeacht de aard van deze intentie—neemt de plek in van voortreffelijkheid. Op basis van deze nieuwe maatstaven was Hitler ook 'succesvol', totdat de 'tijdgeest' hem het 'tegendeel' bewees; en de avant-garde en diens humanistische 'medereizigers' kunnen geen enkel argument opbrengen tegen het hedendaagse bolsjewisme, behalve dat het, in tegenstelling tot het nationaalsocialisme dat 'expressionistisch' en 'aangrijpend' was, volledig prozaïsch en realistisch is.

Maar wellicht het meest onthullende van de besmetting van het humanisme door het vitalisme is het vreemde axioma, tegelijkertijd romantisch en sceptisch, dat de 'liefde voor de waarheid' oneindig is daar het nooit vervuld kan worden, dat het geheel van het leven een constante zoektocht beslaat naar iets dat niet gevonden kan worden, een continue beweging welke nooit

---

[17] Een aantal overtuigende opmerkingen over deze en andere onderwerpen, met betrekking tot de moderne literatuur, kunnen gevonden worden in Graham Hough, *Reflections on a Literary Revolution*, Washington, The Catholic University of America Press, 1960, p. 66ff.

een rustplek zal kunnen—of moeten—vinden. De verfijnde humanist kan het nieuwe basisprincipe van wetenschappelijk onderzoek op erg eloquente wijze omschrijven als een erkenning van de 'provisionele' aard van alle kennis, als een weerspiegeling van de nooit tevreden, altijd nieuwsgierige menselijke geest, of als onderdeel van het mysterieuze proces van 'evolutie' of 'progressie'; maar de betekenis van dit standpunt is duidelijk. Het is de laatste poging van de ongelovige persoon zijn afstandneming van de waarheid te verbergen achter een nevel van nobele retoriek en, in positievere zin, is het tegelijkertijd de verheffing van een onbetekenende nieuwsgierigheid naar de plaats die ooit werd ingenomen door de oprechte liefde voor waarheid. Het is vrij juist dat nieuwsgierigheid, net als haar evenknie, wellust, oneindig en nooit tevreden te stellen is; maar de mens werd geschapen voor meer dan alleen dat. Hij werd geschapen om boven wellust en nieuwsgierigheid uit te stijgen, om lief te hebben en om via liefde waarheid te kennen. Dit is een elementaire waarheid van de menselijke natuur en er is, wellicht, een zekere eenvoud voor nodig om dit te kunnen begrijpen. De intellectuele onbeduidendheid van het hedendaagse humanisme staat net zo ver van zulk een eenvoud vandaan als het van de waarheid vandaan staat.

De aantrekkingskracht van het vitalisme is, zoals wij reeds hebben gesuggereerd, psychologisch gezien vrij begrijpelijk. Enkel de saaiste en minst scherpzinnige mens kan voor lange tijd tevreden blijven met het dode geloof van het liberalisme en het realisme. Allereerst zullen de extreme elementen—artiesten, revolutionairen, de ontwortelde menigten—gevolgd door, een voor een, de humanistische beschermers van de 'beschaving', en uiteindelijk zelfs de meest respectabele en conservatiefste elementen van de maatschappij bezeten worden door een innerlijke onrust welke hen zal leiden tot een zoektocht naar iets 'nieuws' en 'aangrijpends', geen mens weet precies wat. De nihilistische profeten zullen, nadat zij eerst overwegend geminacht werden, de nieuwe mode worden zodra hun onrust en voorgevoelens door het volk gedeeld zullen worden; geleidelijk zullen zij worden opgenomen in het humanistische pantheon en zal men zich tot hen richten voor inzichten en openbaringen welke de mens uit de droge woestijn zullen halen waar zij door het realisme in terecht zijn gekomen. Onder de triviale sensatiezucht en het eclecticisme welke zo kenmerkend zijn voor de hedendaagse trend van het 'mysticisme' en de 'spirituele waarden', ligt een diepere honger naar iets substantiëler dan hetgeen waar het liberalisme en het realisme hen van heeft voorzien of van kan voorzien, een honger welke door de variëteiten van het vitalisme enkel kortstondig, maar nooit voorgoed zal kunnen worden gestild. De mens heeft de Zoon van God de rug toegekeerd Die er zelfs nu naar verlangt onder de mensen te leven en hen te verlossen; en daar zij het vacuüm dat door deze afwijzing in hun hart is achtergebleven ondraaglijk vinden, snellen zij zich in de richting van krankzinnigen en magiërs, naar valse profeten en religieuze sofisten, voor een woord van leven. Maar dit woord, zo gemakkelijk gegeven, vergaat tot stof in hun mond wanneer zij het trachten te herhalen.

Het realisme, in diens verwoede zoektocht naar de waarheid, vernietigt de waarheid; op eenzelfde manier als dat het vitalisme, in diens zoektocht naar het leven, naar de dood riekt. Het vitalisme van de laatste honderd jaar was een onmiskenbaar symptoom van wereldmoeheid, en diens profeten—nog duidelijker dan elk van de wijsgeren van het gestorven liberalisme en realisme die zij bestookten—waren een manifestatie van het einde van christelijk Europa. Het vitalisme is het product, niet van de 'versheid' en het 'leven' en de 'onmiddellijkheid' waar diens volgelingen zo wanhopig zoekende naar zijn (daar zij hier niet over beschikken), maar van de corruptie en het ongeloof welke de laatste fase vormen van de door hen gehate stervende beschaving. Men hoeft geen voorstander te zijn van het liberalisme en het realisme waar het vitalisme zich tegen verzette om te zien dat het 'te ver' is gegaan, dat diens tegengif tegen een onmiskenbare ziekte op zichzelf een krachtigere injectie is van dezelfde nihilistische bacterie die de ziekte veroorzaakt heeft. Na het vitalisme kan er nog maar een laatste stadium zijn welke het nihilisme zal doorlopen: het vernietigende nihilisme.

4. HET VERNIETIGENDE NIHILISME

Hier vinden wij eindelijk een bijna 'puur' nihilisme, een verwoed verzet tegen de schepping en de beschaving die niet gesust zal worden tot het beide heeft gereduceerd tot een absoluut niets. Het vernietigende nihilisme, meer dan welke andere vorm van het nihilisme dan ook, is uniek in het hedendaagse tijdperk. Er heeft eerder massavernietiging plaatsgevonden, en er zijn mensen geweest die triomfeerden in vernietiging; maar nooit eerder is er een leer en een plan van vernietiging geweest, nooit eerder heeft de menselijke geest zich in zulke bochten gewrongen om een rechtvaardiging te vinden voor dit overduidelijke werk van Satan en een programma op te zetten ter diens verwezenlijking.

Zelfs onder de meer ingetogen nihilisten, laat hier geen twijfel over bestaan, is er sprake geweest van sterke toespelingen op de evangelie der vernietiging. 'Geen enkel instituut binnen onze maatschappij zou niet vernietigd moeten worden,'[18] zo constateerde de realist Bazarov. 'Wie creatief wenst te zijn,' zo zei Nietzsche, 'moet eerst de aanvaardde normen en waarden vernietigen en verbrijzelen.' Het manifest van de futuristen—die wellicht net zo dicht in de buurt kwamen van een puur nihilisme als van het vitalisme— verheerlijkten oorlogvoering en 'de vernietigende arm van de anarchist'. De vernietiging van de Oude Orde en de opheffing van absolute waarheid waren de toegegeven doelstellingen van de meeste realisten en vitalisten.

In het geval van de pure nihilisten, daarentegen, wordt hetgeen dat voor de anderen een louter inleiding was een doelstelling op zich. Nietzsche verkondigde het basisprincipe van al het nihilisme, alsmede de speciale rechtvaardiging voor het vernietigende nihilisme, met de uitspraak, 'Er is geen waarheid en alles is toegestaan';[19] maar de extreme gevolgen van dit axioma waren al vóór hem gerealiseerd. Max Stirner (die wij ook in het volgende hoofdstuk zullen tegenkomen)[20] verklaarde de oorlog aan iedere maatstaf en ieder principe terwijl hij zijn ego aan de wereld verkondigde en triomfantelijk lachte om de 'graftombe van de mensheid'—alles vooralsnog in theorie. Sergei Nechayev bracht deze theorie zo perfect in de praktijk dat hij tot op de dag van vandaag een mythische creatie lijkt te zijn, zo niet een demon uit de diepten van de Hel zelve, daar hij een leven leidde van gewetenloze genadeloosheid en immoraliteit onder het voorwendsel van een volledig opportunisme in naam van de Revolutie. Hij diende als de inspiratie voor het personage van Pjotr Verchovenski in Dostojevski's *Boze geesten*, een roman zo briljant in zijn karakterisering van de extreem nihilistische mentaliteit (het boek staat zelfs vol van vertegenwoordigers van deze mentaliteit) dat het volkomen ongeloofwaardig overkomt op ieder die niet, net als Dostojevski, de fascinatie en de verleiding van het nihilisme gekend heeft.

Michail Bakoenin, die voor enige tijd gevallen was voor de betovering van Nechayev om vervolgens slechts tot de ontdekking te komen dat de consistente beoefening van het nihilisme toch wel sterk verschilde van zijn louter theoretische expositie, schreef in de ban van deze betovering de 'Revolutionaire Catechismus' welke een huiveringwekkende rechtvaardiging voor Nechayev verschafte en verkondigde dat hun taak, 'verschrikkelijke, totale, onverbiddelijke en universele vernietiging' was. Dit sentiment is te

....

[18] Ivan S. Toergenjev, *Vaders en zonen*.

[19] Geciteerd in Karl Jaspers, *Nietzsche and Christianity*, Henry Regnery Company, 1961 (Gateway Edition), p. 83.

[20] Het volgende hoofdstuk zou gaan over het anarchisme (zie de beoogde hoofdlijn hieronder op p. 97).—Red.

kenmerkend voor Bakoenin om het van de hand te wijzen als louter zijn tijdelijke fascinatie. Hij beëindigde zijn *Reactie in Duitsland*, geschreven nog voordat Nechayev was geboren, met zijn nu beroemde smeekbede, 'Laat ons het vertrouwen vestigen in de eeuwige geest die verwoest en vernietigd, louter daar het de ondoorgrondelijke en eeuwig creatieve bron des levens is. De passie voor vernietiging is ook een creatieve passie!' Hier mengt het vitalisme zich met de wil om te vernietigen: maar het is vernietiging dat uiteindelijk overwint. Toen hem werd gevraagd wat hij zou doen als de nieuwe orde van zijn dromen bewerkstelligd zou worden, antwoordde hij onverbloemd, 'Dan zal ik onmiddellijk alles wat ik heb opgebouwd weer met de grond gelijk maken.'[21]

Het was in de geest van Nechayev en de 'Revolutionaire Catechismus' dat de nihilistische huurmoordenaars (zij werden destijds 'anarchisten' genoemd, maar in dit boek hebben wij de positievere zin van dat woord aangenomen), met hun 'propaganda van de daad', de heersende klasse—en niet enkel de heersende klasse—in Europa en, met name, Rusland terroriseerden gedurende het laatste kwart van de negentiende eeuw. Het was in dezelfde geest dat Lenin (die een grote bewondering had voor Nechayev) zijn positie van genadeloze macht innam en van start ging met Europa's eerste succesvolle experiment van volledig gewetenloze politiekvoering. De passie voor geweld, gescheiden van de Revolutie waardoor het gerationaliseerd werd, hielp Europa in 1914 de eerste van haar nihilistische oorlogen te betreden en verkondigde, tegelijkertijd, in het rijk van de dadaïstische kunst, 'laat alles weggevaagd worden', 'niets meer van iets, *niets, niets, niets*'. Het werd echter aan Hitler overgelaten om met absolute duidelijkheid de aard en het eind van een pure 'Nihilistische Revolutie' te onthullen, een Revolutie toegewijd aan de evenzo nihilistische alternatieven van *Weltmacht oder Niedergang*: wereldverovering of totale ondergang; een Revolutie wier leider kon juichen (nog vóór hij aan de macht was gekomen), net als Stirner zou hebben gejuicht, dat 'hoewel wij wellicht vernietigd zullen worden, wij, mocht zich dat inderdaad voltrekken, een hele wereld met ons mee zullen sleuren—een wereld in lichter laaien.'[22]

Dergelijke fenomenen zijn, uiteraard, extreme gevallen en moeten vanuit het juiste perspectief worden bekeken. Slechts een klein aantal is tot zulk een nihilisme in staat geweest en men zou gemakkelijk kunnen stellen dat zij niet behoren tot de hoofdstroom van de moderne geschiedenis, maar

---

[21] Geciteerd in E. H. Carr, *Michael Bakunin*, p. 440.
[22] Geciteerd in Rauschning, *op. cit.*, p. 5.

tot een zijstroom; en het is waar dat de minder extreme nihilisten hen ook veroordelen voor hun daden. Desalniettemin hebben hun voorbeelden uiterst informatief gebleken, en zou het onterecht zijn om deze voorbeelden van de hand te wijzen als louter overdreven of persiflages. Wij zullen zien dat vernietiging onmisbaar is in het programma van het nihilisme, en dat het de meest eenduidige totstandkoming is van het aanbidden van het Niets dat het middelpunt vormt van de nihilistische 'theologie'. Het vernietigende nihilisme is geen overdrijving, het is juist een volbrenging van de diepst gelegen doelstelling van al het nihilisme. Hierin heeft het nihilisme diens verschrikkelijkste, maar tegelijkertijd zuiverste vorm aangenomen; hierin doet het Niets diens masker af en openbaart het zich in al diens naaktheid.

Vader Johannes van Kronstadt, die heilige man van God, heeft de menselijke ziel vergeleken met een oog, besmet door zonde en derhalve niet in staat de spirituele zon te aanschouwen.[23] Dezelfde vergelijking kan gebruikt worden om het verloop van de ziekte van het nihilisme te volgen welke niets meer is dan een gedetailleerd zondemasker. Het spirituele oog is in de gevallen menselijke aard ondeugdelijk, zoals iedere orthodoxe christen weet; in dit leven zien wij slechts vagelijk en hebben wij het geloof en de Gratie Gods nodig om een genezing te bewerkstelligen welke ons, in het toekomstige leven, in staat zal stellen weer helder te zien. Het eerste stadium van het nihilisme, het liberalisme, komt voort uit de vergissing ons besmette oog te verwarren met een gezond oog, diens aangetaste zicht te verwarren met een zogenaamde kijk op de ware wereld, en derhalve uit het loslaten van de heelmeesteres van de ziel, de kerk, wier geestelijke ondersteuning onnodig wordt geacht door een 'gezond' mens. In het tweede stadium, het realisme, begint de ziekte, niet langer bijgestaan door de benodigde heelmeesteres, te groeien; het blikveld wordt smaller; ver weggelegen objecten, reeds voldoende vertroebeld in de 'natuurlijke' staat van het aangetaste zicht, worden onzichtbaar; louter de meest nabijgelegen objecten kunnen duidelijk worden onderscheiden en de patiënt raakt ervan overtuigd dat er geen andere objecten bestaan. In het derde stadium, het vitalisme, leidt de besmetting tot ontstekingen; zelfs de meest nabijgelegen objecten worden vaag en misvormd en er vinden hallucinaties plaats. In het vierde stadium, het vernietigende nihilisme, volgt blindheid en verspreid de ziekte zich tot de rest van het lichaam waar het kwellingen, stuiptrekkingen en uiteindelijk de dood teweegbrengt.

---

[23] *My Life in Christ*, Jordanville, New York, Holy Trinity Monastery, 1957, Vol. I., p. 178.

III.
De theologie en de geest van het nihilisme

1. REBELLIE: DE OORLOG TEGEN GOD

In ons onderzoek hebben wij ons tot dusver beziggehouden met definities en omschrijvingen; mits wij hierin succesvol zijn geweest, hebben wij hiermee de nihilistische mentaliteit weten te identificeren en een idee weten te krijgen van zowel haar oorsprong als haar reikwijdte. Dit alles is echter niets meer geweest dan het noodzakelijke grondwerk voor de taak die wij nu op ons zullen moeten nemen: een verkenning van de diepere betekenis van het nihilisme. Ons eerdere onderzoek is historisch, psychologisch en filosofisch van aard geweest; maar de Revolutie, zoals wij in het voorgaande hoofdstuk hebben gezien,[24] heeft een theologisch en spiritueel grondbeginsel, zelfs als deze 'theologie' omgekeerd is en deze 'spiritualiteit' satanisch. De orthodoxe christen vind in deze Revolutie een formidabele antagonist, een waartegen billijk en grondig gestreden moet worden met de best beschikbare strijdmiddelen. Derhalve is het tijd om de nihilistische leer bij de wortel aan te pakken; om onderzoek te doen naar de theologische bronnen van deze leer, alsmede diens spirituele grondbeginselen, diens uiteindelijke programma en diens rol in de christelijke theologische geschiedenis.

De nihilistische leer is, vanzelfsprekend, niet uitdrukkelijk aanwezig bij de meeste nihilisten; en als onze analyse tot dusver implicaties heeft moeten uitwijzen welke niet altijd vanzelfsprekend waren voor, of zelfs de bedoeling waren van, de nihilisten zelf, dan zal onze huidige poging tot het extraheren van een samenhangende leer van de literatuur en de fenomenen van het nihilisme ons in de ogen van velen lijken te leiden tot slechts nog

---

[24] Het voorgaande hoofdstuk zou gaan over de Opkomst van de Nieuwe Orde (zie de beoogde hoofdlijn hieronder op p. 97).—Red.

meer zwakke conclusies. Wij worden in onze taak echter sterk bijgestaan door systematische nihilisten als Nietzsche, die onmiskenbaar hetgeen tot uitdrukking brengen waar anderen enkel naar suggereren of wat zij trachten te vermommen, alsmede door de scherpzinnige waarnemers van de nihilistische mentaliteit zoals Dostojevski, wiens inzichten het hart van het nihilisme treffen en het ontdoen van diens vele maskers.

In geen mens is de nihilistische 'openbaring' zo duidelijk tot uitdrukking gekomen als in Nietzsche. Wij hebben deze 'openbaring' reeds in haar filosofische vorm mogen aanschouwen in de uitspraak 'er is geen waarheid'. Haar alternatieve, explicietere theologische uitdrukking in Nietzsche is dat van het constante thema van de geïnspireerde 'profeet', Zarathoestra; en in haar vroegste optreden in de geschriften van Nietzsche is het de 'extatische' uitlating van een krankzinnige: 'God is dood'.[25] Deze woorden drukken een bepaalde waarheid uit: niet, laat dit duidelijk zijn, een waarheid betreffende de aard der dingen, maar een waarheid betreffende de staat van de moderne mens; zij zijn een denkbeeldige poging een feit te omschrijven welke geen christen zal ontkennen.

God is dood in het hart van de moderne mens: dit is wat de 'dood van God' betekent en is zo waar voor de atheïsten en satanisten die dit feit toejuichen, als voor de onverfijnde menigten waarin het gevoel voor de spirituele werkelijkheid simpelweg is verdwenen. De mens heeft het geloof in God en in de Goddelijke Waarheid waar hij ooit steun in vond verloren; de apostasie naar wereldsheid waar het moderne tijdperk sinds zijn begin door wordt gekenmerkt vindt, in de geschriften van Nietzsche, haar zelfbewustzijn en de woorden om zichzelf tot uitdrukking te laten komen. 'God is dood': dat wil zeggen, 'wij hebben ons geloof in God verloren'; 'er is geen waarheid': dat wil zeggen, 'wij zijn niet langer zeker van al het goddelijke en absolute'.

Nog dieper, echter, dan het subjectieve feit dat door de nihilistische 'openbaring' tot uitdrukking komt, zijn gelegen een wil en een plan die nog veel verder gaan dan louter het aanvaarden van 'feiten'. Zarathoestra is een 'profeet'; zijn woorden zijn duidelijk bedoeld als contrarevolutie tegen de Christelijke Openbaring. Voor zij die deze nieuwe 'openbaring' aanvaarden—dat wil zeggen, voor zij die het beschouwen als hun persoonlijke bekentenis, of zij die leven alsof het waar is—zal een volledig nieuw spiritueel universum zich openen waarin God niet langer bestaat en waarin, nog belangrijker, de mens niet langer *wilt* dat God bestaat. Nietzsches 'krankzinnige' is zich ervan bewust dat de mens God heeft 'vermoord', zijn eigen geloof heeft gedood.

---

[25] *De vrolijke wetenschap*, #125.

Derhalve is het beslist verkeerd om de moderne nihilist, in om het even welke gedaante deze dan ook ten tonele zal verschijnen, te beschouwen als 'agnostisch'. De 'dood van God' is hem niet enkel voorgekomen als een kosmische catastrofe, hij heeft het in plaats daarvan bewust *gewild*—niet direct, natuurlijk, maar wel evenzo effectief door de voorkeur te geven aan iets anders dan de ware God. Noch is de nihilist, zo moeten wij opmerken, echt atheïstisch. Wij zouden ons zelfs kunnen afvragen of er überhaupt zoiets als het 'atheïsme' bestaat, aangezien geen mens de ware God ontkent behalve om in dienst te treden van een andere valse god; het atheïsme dat voor de wijsgeer een mogelijkheid is (al is dit, natuurlijk, slechte wijsbegeerte) behoort voor de gehele mens niet tot de mogelijkheden. Voor de anarchist Proudhon (wiens leer wij in het volgende hoofdstuk zullen bestuderen) was dit maar al te duidelijk en hij verklaarde zichzelf derhalve ook, niet een atheïst, maar een 'antitheïst';[26] 'de Revolutie is niet atheïstisch in de strikte zin van het woord ... het ontkent het absolute niet, maar vernietigt het....'[27] 'De eerste taak van de mens, in het verkrijgen van intelligentie en vrijheid, is om continu het idee van God uit zijn geest en bewustzijn te verjagen. Want God, als hij bestaat, is in zijn essentie vijandelijk tegen onze natuur.... Alle vooruitgang die wij boeken is een overwinning waarin wij de Goddelijkheid vernietigen.'[28] De mensheid zal onder ogen moeten komen dat 'God, als er een God bestaat, haar vijand is.'[29] Albert Camus onderwijst in zekere zin dezelfde leer wanneer hij 'rebellie' (en niet 'ongeloof') verheft tot de rang van het basisprincipe. Ook Bakoenin was er niet tevreden mee om het bestaan van God louter te 'weerleggen'; 'Als God echt bestaat,' zo geloofde hij, 'dan zal het noodzakelijk zijn hem te vernietigen.'[30] En op nog effectievere wijze is het bolsjewistische 'atheïsme' van onze tijd een vrij overduidelijke oorlog tegen God en al Zijn scheppingen.

Het revolutionaire nihilisme staat onherroepelijk en uitdrukkelijk lijnrecht tegenover God; maar filosofisch en existentialistisch nihilisme— een feit dat niet altijd even duidelijk is—is evenzo 'antitheïstisch' in zijn vooronderstelling dat het moderne leven vanaf heden zonder God zal moeten verdergaan. Het leger van de vijanden van God wordt even goed

---

[26] Zie, bijvoorbeeld, *Justice*, (cf. de Lubac, *Proudhon*, p. 271).

[27] *Justice*, III, 179. (de Lubac citerend, p. 270).

[28] *System of Economical Contradictions: or, The Philosophy of Misery*, Boston, 1888, Vol. I, p. 448.

[29] *Ibid.*, p. 468.

[30] *God and the State*, London, 1910, p. 16.

aangesterkt door de menigten die op passieve wijze hun positie in de achterhoede aanvaarden als door de weinige actieve enthousiastelingen die deel uitmaken van de voorste linies. Nog belangrijker om op te merken is echter het feit dat de gelederen van het antitheïsme niet enkel worden aangesterkt door actieve en passieve 'atheïsten', maar mede door velen die zichzelf als 'religieus' beschouwen en een of andere 'god' aanbidden. Robespierre stichtte een cultus van het 'Opperwezen', Hitler erkende het bestaan van een 'oppermacht', een 'god in de mens zelf', en alle vormen van het nihilistische vitalisme beschikken over een soortgelijke 'god' als die van Hitler. De oorlog tegen God is in staat een aantal listige strategieën toe te passen, waaronder het gebruik van de naam van God of zelfs die van Christus. Maar of het nu uitdrukkelijk 'atheïstisch' of 'agnostisch' is, of dat het de vorm aanneemt van de aanbidding van een of andere 'nieuwe god', het nihilisme is gegrondvest op de oorlogsverklaring tegen de ware God.

Formeel atheïsme is de filosofie van een dwaas (als wij zo vrij mogen zijn de Psalmist te parafraseren);[31] maar het antitheïsme, daarentegen, is een grondigere kwaal. De literatuur van het antitheïsme, laat hier geen twijfel over bestaan, staat even vol met onsamenhangendheden en tegenstrijdigheden als dat van het formele atheïsme; maar waar de laatste de fout ingaat ten gevolge van kinderachtigheid (zelfs de meest verfijnde man binnen een bepaalde discipline kan gemakkelijk een kind zijn binnen de theologie en het spirituele leven) en een onverholen onverschilligheid voor de spirituele werkelijkheden, heeft de eerste zijn verbasteringen te danken aan een diepgezetelde passie die, deze realiteiten onder ogen te zijn gekomen, ze belieft te vernietigen. De kleingeestige argumenten van Bertrand Russell (al is zelfs zijn atheïsme aan het eind van de dag natuurlijk ook een vorm van antitheïsme) zijn gemakkelijk te verklaren en te weerleggen en vormen geen enkel gevaar voor een verzekerd geloof; maar de grondige en vastbesloten aanval van Proudhon is een geheel andere zaak, daar deze is voortgekomen niet uit bloedeloze drogredenen maar uit een sterke geestdrift.

Op dit moment moeten wij een feit onder ogen zien waar wij tot dusver enkel naar gehint hebben, maar nog niet volledig bestudeerd hebben: het nihilisme wordt bezield door een geloof dat op zijn eigen manier even sterk is, en in zijn wortels even spiritueel is, als het christelijke geloof dat het tracht te vernietigen en te vervangen; zijn succes, alsmede zijn overdrijvingen, zijn op geen enkele andere manier te verklaren.

---

[31] Psalm LII (LIII), 1: 'De trotse dwaas zegt in zijn boos gemoed: daar is geen God.'

Wij hebben reeds gezien hoe het christelijke geloof als context dient waarin de vragen over God, de Waarheid en Autoriteit betekenisvol worden en goedkeuring inboezemen. Het nihilistische geloof is evenzeer een context, een op zichzelf staande geest welke ten grondslag ligt en betekenis en kracht verleent aan de nihilistische leer. Het succes van het nihilisme in onze tijd is afhankelijk geweest van, en kan gemeten worden aan de hand van, het verspreiden van deze geest; zijn argumenten lijken verleidelijk niet in de mate dat zij kloppend zijn, maar in de mate dat deze geest de mens heeft voorbereid om ze te aanvaarden.

Wat is dan de aard van het nihilistische geloof? Het is exact het tegenovergestelde van het christelijke geloof en mag derhalve helemaal geen 'geloof' genoemd worden. Waar het christelijke geloof vreugdevol, zeker, sereen, liefhebbend, nederig, geduldig en in alles onderdanig is aan de Wil van God, is diens nihilistische tegenhanger vol van twijfel, achterdocht, verafschuwing, afgunst, jaloezie, trots, ongeduldigheid, opstandigheid en godslasterend—waarbij in ieder individu een van deze kwaliteiten de bovenhand heeft. Het is een houding van ontevredenheid met de zelf, met de wereld, met de maatschappij en met God; het kent maar één ding: *dat het de dingen niet zal accepteren zoals zij zijn*, maar dat het haar energieën zal moeten wijden aan ofwel het veranderen ervan, ofwel het wegvluchten ervan. Het werd door Bakoenin correct omschreven als 'het sentiment van opstandigheid, deze satanische trots, waar om het even welke meester door zal worden afgewezen, zij hij van goddelijke of menselijke aard.'[32]

Nihilistische rebellie, net als het christelijke geloof, is een ultieme en onherleidbare spirituele houding die haar oorsprong en kracht in zichzelf vindt—alsmede, natuurlijk, in de bovennatuurlijke auteur van rebellie. Wij zullen onvoorbereid zijn de aard of het succes van het nihilisme te begrijpen, noch het bestaan van systematische vertegenwoordigers ervan zoals Lenin en Hitler, als wij diens oorsprong trachten te zoeken in iets anders dan de satanische oerwil tot ontkenning en rebellie. De meeste nihilisten verstaan deze wil natuurlijk als iets positiefs, als een bron van 'onafhankelijkheid' en 'vrijheid'; maar de taal waarmee mannen als Bakoenin het noodzakelijk achten zichzelf uit te drukken, verraad de diepere betekenis van hun woorden voor ieder die bereid is deze serieus in beschouwing te nemen.

De nihilistische afwerping van het christelijke geloof en de christelijke instituten is derhalve het resultaat, niet zozeer van een verlies aan geloof in hen en in hun goddelijke oorsprong (al is dit scepticisme ook hier aanwe-

---

[32] Maximoff, *op. cit.*, p. 380.

zig, daar geen enkele vorm van het nihilisme werkelijk puur is), maar van rebellie tegen de autoriteit die zij vertegenwoordigen en de gehoorzaamheid die zij afdwingen. De literatuur van het negentiende-eeuws humanisme, socialisme en anarchisme heeft als constante thema het *non serviam*: God de Vader, tezamen met al Zijn instituten en geestelijken, moet omver worden geworpen en vernietigd, zodat de zegevierende Mens Zijn troon kan bestijgen en op zijn eigen manier de scepter kan zwaaien. Deze intellectueel middelmatige literatuur heeft haar kracht en onophoudelijke invloed te danken aan haar 'rechtschapen' verontwaardiging jegens de 'onrechtvaardigheden' en 'tirannie' van de Vader en Zijn aardse vertegenwoordigers; oftewel, aan haar passie, niet aan haar waarheid.

Deze rebellie, deze messiaanse hartstocht waar de grootste revolutionairen door bezield worden, houdt zich, daar het een omgekeerd geloof is, minder bezig met het vernietigen van het filosofische en theologische fundament van de Oude Orde (deze taak kan worden overgelaten aan de minder fervente zielen) dan met het vernietigen van het rivaliserende geloof waar het haar levensenergie aan te danken heeft. Na geleegd te zijn van hun christelijke inhoud, kunnen doctrines en instituten worden 'geherinterpreteerd' om zo opnieuw gevuld te worden met een nieuwe, nihilistische inhoud; maar het christelijke geloof, als de ziel van deze doctrines en instituten en als enige in staat om deze 'herinterpretatie' te onderscheiden en te dwarsbomen, moet volledig worden vernietigd voordat het zelf kan worden 'geherinterpreteerd'. Dit is praktische noodzaak wil het nihilisme zegevieren; daarnaast is het tevens een psychologische en zelfs een spirituele noodzaak, daar de nihilistische rebellie vagelijk aanvoelt hoe de Waarheid louter in het christelijke geloof is gehuisvest, en hoe haar jaloezie en rusteloze geweten niet zullen worden bedaard totdat de volledige vernietiging van het geloof haar standpunt heeft gerechtvaardigd en haar waarheid heeft 'bewezen'. Op kleine schaal is dit de psychologie van de christelijke apostaat; op grote schaal is dit de psychologie van het bolsjewisme.

De systematische bolsjewistische campagne om het christelijke geloof te ontwortelen, zelfs wanneer het overduidelijk niet langer een gevaar vormt voor de stabiliteit van de atheïstische staat, kent geen rationele verklaring; in plaats daarvan maakt het deel uit van een genadeloze oorlog tegen de enige kracht die in staat zal zijn weerstand te bieden tegen het bolsjewisme en het zal kunnen 'ontkrachten'. Het nihilisme zal gefaald hebben zolang het ware christelijke geloof aanwezig is in ook maar één enkel persoon; die persoon zal immers het levende voorbeeld zijn van de Waarheid en het bewijs tegen alle vergeefse indrukwekkende wereldse prestaties waar het nihilisme toe in staat is, en zal met zijn persoon alle argumenten tegen God en het Koninkrijk der Hemelen weerleggen. De geest van de mens is soepel en kan alles worden voorgespiegeld wat zijn wil maar toelaat. In een atmosfeer doordrenkt met een nihilistische hartstocht, zoals het in de Sovjet-Unie nog steeds te vinden is, kan zelfs het meest steekhoudende argument niet zorgen voor een geloof in God, in onsterfelijkheid, in het christelijke geloof; maar een gelovige kan, zelfs in deze atmosfeer, tot de harten spreken van zijn medemens en met zijn gedrag aantonen dat wat voor de wereld en de beste menselijke intenties onmogelijk lijkt, voor God en het christelijke geloof wel mogelijk is.

Nihilistische rebellie is een oorlog tegen God en tegen Waarheid; maar weinig nihilisten zijn zich hier volledig van bewust. Uitdrukkelijk theologisch en filosofisch nihilisme is het domein van louter een paar zeldzame zielen; voor de meesten neemt nihilistische rebellie de onmiddellijkere vorm aan van een oorlog tegen autoriteit. Velen wiens houding jegens God en Waarheid ambigue lijkt, onthullen hun nihilisme het duidelijkst in hun houding jegens—in Bakoenins woorden—het 'vervloekte en fatale principe van autoriteit'.[33]

De nihilistische 'openbaring' kondigt derhalve onmiddellijk de vernietiging van autoriteit af. Sommige apologeten halen graag de 'corrupties', 'misbruiken' en 'onrechtvaardigheden' binnen de Oude Orde aan als rechtvaardiging voor een rebellie tegen deze Oude Orde; maar dergelijke dingen—het bestaan van welke geen mens zal ontkennen—zijn vaak de voorwendsels geweest, maar nooit de oorzaken, van nihilistische uitbarstingen. Het is het principe van autoriteit zelf dat door de nihilist wordt aangevallen. In de politieke en sociale orde manifesteert het nihilisme zich als een Revolutie die niet louter een verandering van overheid of een min of meer wijdverspreide reformatie van de bestaande orde tracht teweeg te brengen, maar de totstandkoming van een volledig nieuwe notie van het doel en de middelen van overheid. Binnen de religieuze orde zoekt het nihilisme niet naar louter een reformatie van de kerk en zelfs niet naar de oprichting van een nieuwe 'kerk' of 'religie', maar naar een volledig nieuwe hervorming van het concept van religie en de spirituele ervaring. Binnen de kunst en literatuur houdt het nihilisme zich niet bezig met het modificeren van oude esthetische canons betreffende het onderwerp of de stijl, noch met het ontwikkelen van nieuwe genres of tradities, maar met een geheel nieuwe benadering van de kwestie van artistieke 'creatie' en een nieuwe definitie van 'kunst'.

Het zijn de basisprincipes van deze disciplines, en niet de verafgelegen of foutieve toepassingen van deze disciplines, die door het nihilisme worden aangevallen. De wanorde die zo duidelijk aanwezig is in de hedendaagse politiek,

---

[33] Maximoff, *op. cit.*, p. 253.

religie, kunst en andere domeinen van de samenleving is het resultaat van de bewuste en systematische vernietiging van hun autoritaire fundamenten. Gewetenloze politiek en moraliteit, ongedisciplineerde artistieke expressie, willekeurige 'religieuze ervaring'—allen zijn het directe gevolg van het toepassen van de rebelse houding op de eens zo stabiele wetenschappen en disciplines.

De nihilistische rebellie is zo diep doorgedrongen tot de vezels van ons tijdperk dat weerstand ertegen enkel zwak en ineffectief zal blijken; de populaire wijsbegeerte en het 'serieuze denken' wijden hun energie aan het rechtvaardigen ervan. Camus ziet in de rebellie zelfs de enige vanzelfsprekende waarheid die voor de hedendaagse mens is overgebleven, het enig overgebleven geloof voor de mens die niet langer in God kan geloven. Zijn rebelse filosofie is een behendige articulatie van de 'tijdgeest', maar kan nauwelijks serieus worden genomen als iets meer dan dat. De denkers van de renaissance en de Verlichting waren net zo angstig om het zonder de theologie te moeten doen, om al hun kennis te moeten baseren op de 'natuur', als Camus dat heden ten dage is. Maar als 'rebellie' het enige is dat de 'natuurlijke mens' heden ten dage nog kennen kan, waarom is het dan zo dat de 'natuurlijke mens' van de renaissance of de Verlichting zoveel meer leek te weten en zichzelf als een veel nobeler wezen beschouwde? 'Zij namen te veel voor lief,' is het standaard antwoord, 'en leefden zonder het te weten op christelijk kapitaal; terwijl wij heden ten dage weten bankroet te zijn.' De hedendaagse mens is, in een woord, 'gedesillusioneerd'. Maar, strikt gesproken, moet een mens ook 'gedesillusioneerd' zijn met een illusie: als de mens is weggevallen, niet van de illusie, maar van de waarheid—en dit is inderdaad het geval—dan is er uitvoeriger redenering vereist om zijn 'benarde situatie' te verklaren. Dat Camus de 'rebel' kan aanvaarden als zijnde de 'natuurlijke mens', dat hij alles 'absurd' kan vinden behalve de 'rebellie', betekent slechts een ding: hij is goed opgeleid binnen de school van het nihilisme en heeft de oorlog tegen God geleerd te aanvaarden als zijnde de 'natuurlijke' staat van de mens.

Tot zulk een staat heeft het nihilisme de mens gereduceerd. Vóór het moderne tijdperk werd het leven van de mens voornamelijk bepaald door de deugd van gehoorzaamheid, onderdanigheid en respect: tot God, tot de kerk en tot de wettelijke aardse autoriteiten. Voor de moderne mens die door het nihilisme is 'verlicht', echter, is deze Oude Orde louter een verschrikkelijke herinnering uit een duister verleden waaruit de mens 'bevrijd' is; de moderne geschiedenis is de kroniek geweest van de val van iedere autoriteitsvorm. De Oude Orde is omvergeworpen, en als er een zorgwekkend balans wordt onderhouden in wat onmiskenbaar een tijdperk van 'overgang' is, dan is een 'nieuwe orde' duidelijk in de maak; het tijdperk van de 'rebel' is nabij.

De nihilistische regimes van deze eeuw hebben ons een voorproefje gegeven op dit tijdperk, en de hedendaagse wijdverspreide rebellie is daar een volgende voorbode van; daar waar geen waarheid is zal de rebelse wil regeren. Maar 'de wil,' zo zei Dostojevski met zijn gebruikelijke inzicht in de nihilistische mentaliteit, 'komt het dichtst in de buurt van het niets; de meest assertieve mens komt het dichtst in de buurt van de meest nihilistische.'[34] Hij die waarheid en elke autoriteit die gestoeld is op deze waarheid de rug heeft toegekeerd, wordt enkel van de afgrond gescheiden door een blinde wilsbeschikking; en deze wilsbeschikking, wat zijn spectaculaire prestaties in zijn kortstondige periodes van macht ook geweest mogen zijn (die van Hitler en het bolsjewisme zijn tot nu toe het spectaculairst gebleken), zal zo onweerstaanbaar door deze afgrond worden aangetrokken als door een immense magneet welke deze roepende afgrond binnenin zichzelf heeft doorgrond. En in deze afgrond, in dit niets dat aan de mens die zonder waarheid leeft toebehoort, komen wij tot de kern van het nihilisme.

2. HET AANBIDDEN VAN HET NIETS

'Het niets', zoals het door het moderne nihilisme wordt verstaan, is een concept dat uniek is aan de christelijke traditie. Het 'niet-zijn' van verschillende oosterse tradities is een totaal verschillende en zelfs positieve opvatting; hoe dichter zij het idee van *nihil* benaderen is hun onduidelijke notie van 'oerchaos'. God heeft enkel onduidelijk en indirect tot anderen gesproken; enkel tot Zijn verkozen mensen heeft Hij de volledigheid van waarheid geopenbaard omtrent het begin en einde der dingen.

Voor andere volkeren, en voor de onbeholpen rede, is het *creatio ex nihilo* een van de ingewikkeldste christelijke leren om te begrijpen: Gods schepping van de aarde niet uit Zichzelf, niet uit een of andere reeds bestaande materie of oerchaos, maar uit *het niets*; in geen enkele andere doctrine komt de alwetendheid van God zo helder naar voren. De nooit gedimde geweldigheid van Gods schepping is gegrondvest op exact dit feit, dat het vanuit een absoluut niet-bestaan tot het bestaan werd geroepen.

Maar welk verband, zo zou gevraagd kunnen worden, heeft het nihilisme met zulk een leer? Een verband van ontkenning. 'Wat,' zegt Nietzsche in een verklaring welks laatste zin wij reeds hebben geciteerd in een andere context (p. 32 hierboven), 'betekent nihilisme?—Dat de hoogste waarden aan waarde inboeten. Er bestaat geen doel. Er is niet langer een antwoord op de

---

[34] Geciteerd door Robert Payne in *Zero*, New York, The John Day Company, 1950, p. 53.

vraag: "waarom?"[35] Het nihilisme, in een woord, heeft zijn gehele bestaan te danken aan de ontkenning van de christelijke Waarheid; het beschouwd de wereld als 'absurd', niet als het resultaat van emotieloos 'onderzoek' naar de vraag, maar vanwege onbekwaamheid of weigeren zijn christelijke betekenis te geloven. Enkel zij die ooit de mening waren toegedaan het antwoord te hebben op de vraag 'waarom?' kunnen zo gedesillusioneerd zijn om tot de 'ontdekking' te komen dat er helemaal geen antwoord blijkt te zijn.

Toch, als het christendom louter een van de vele religies of filosofieën zou zijn, zou zijn ontkenning niet van een dusdanig groot belang zijn. Voor Joseph de Maistre—die erg scherpzinnig was in zijn kritiek op de Franse Revolutie, zelfs als zijn positievere ideeën onbetrouwbaar zijn—was dit punt erg helder, en dat in een tijd waarin de effecten van het nihilisme een stuk minder zichtbaar waren als zij heden ten dage zijn.

> Er zijn in de wereld altijd bepaalde religievormen geweest waar goddeloze mensen zich tegen keerden. Goddeloosheid was ook altijd een misdaad....*Maar enkel in de schoot van de ware religie kan er sprake zijn van een ware goddeloosheid*.... Goddeloosheid heeft in het verleden nooit dergelijke kwaadaardigheden voortgebracht als het heden ten dage doet, daar zijn schuld altijd proportioneel is aan de verlichting waardoor het omringd is.... ofschoon goddeloze mensen altijd hebben bestaan, heeft er nooit vóór de achttiende eeuw, noch in het hart van het christendom, *een opstand tegen God* bestaan.[36]

Geen enkele religie behalve het christendom heeft dit zo sterk bevestigd, daar zijn stem de Stem van God is en zijn Waarheid absoluut; en geen andere religie heeft een zo radicale en onbuigzame vijand gekend als het nihilisme, daar geen mens zich tegen het christendom kan verzetten zonder een directe oorlog te voeren tegen God Zelf.

Door oorlog te voeren tegen de God Die hem zelf uit het niets heeft geschapen vergt, uiteraard, een zekere blindheid tezamen met de illusie van kracht; maar geen nihilist is zo blind dat hij niet, hoe zwak ook, de uiteindelijke consequenties van zijn daden aanvoelt. De naamloze 'angst' die heden ten dage door zoveel mensen wordt gevoeld getuigt van hun passieve deelname aan het antitheïstische programma; zij die zich hierover uitlaten

---

[35] *The Will to Power*, p. 8.

[36] *On God and Society (Essay on the Generative Principle of Political Constitutions and other Human Institutions)*, Henry Regnery Company (Gateway Edition), 1959, pp. 84-86.

spreken van een 'afgrond' welke zich geopend lijkt te hebben in het hart van de mens. Deze 'angst' en deze 'afgrond' zijn precies het niets waaruit God ieder mens tot het bestaan heeft geroepen, en waar de mens in terug lijkt te vallen wanneer hij God ontkent en, ten gevolge daarvan, tevens zijn eigen schepping en bestaan ontkent.

Deze angst om als het ware 'uit het bestaan te vallen' is heden ten dage de meest voorkomende vorm van het nihilisme. Het is een constant thema binnen de kunsten en vormt de heersende toon binnen de 'absurdistische' filosofie. Maar het is een bewuster nihilisme, het nihilisme van de uitdrukkelijke antitheïst, dat directer verantwoordelijk is geweest voor de calamiteiten van onze eeuw. De persoon die door zulk een nihilisme is aangetast, die het gevoel heeft een afgrond in te vallen en waarbij dit alles verre van eindigt in louter een passieve angst en wanhoop, wordt getransformeerd tot een uitzinnige satanische energie dat hem aanzet tot het bestrijden van geheel de schepping en het, mits hem dit lukt, met hem mee de afgrond in te sleuren. Toch zullen een Proudhon, een Bakoenin, een Lenin, een Hitler, ondanks de grootte van hun tijdelijke invloed en succes, uiteindelijk falen; zij zullen zelfs, tegen hun zin, moeten getuigen van de Waarheid die zij trachtten te vernietigen. Want hun poging tot het *nihiliseren* van geheel de schepping, en zo Gods scheppingsdaad teniet te doen door de wereld terug te laten keren tot het niets waar het uit is ontstaan, is louter een omgekeerde persiflage op Gods schepping;[37] en zij, evenals hun vader de Duivel, zijn louter zwakke apen van God die, met hun daden, het bestaan van de God Die zij ontkennen juist 'bewijzen' en, in hun falen, getuigen van Zijn macht en glorie.

Geen mens, zo hebben wij reeds vaak genoeg gezegd, leeft zonder een god; wie—of wat—is dan de god van het nihilisme? Het is *nihil*, het niets zelve—niet het niets van afwezigheid of niet-bestaan, maar een apostaat en ontkenning; het is het 'kadaver' van de 'dode God' welke zo zwaar op de nihilist zijn schouders weegt. Wij kunnen ons niet van de een op de andere dag ontdoen van de God die tot voorheen zo echt en aanwezig was voor de christen; een zo absolute monarch kent geen onmiddellijke opvolger. Zo komt het, op dit moment in de spirituele geschiedenis van de mens—een moment, toegegeven, van crisis en overgang—dat een dode God, een grootse leegte, aan het middelpunt staat van het menselijke geloof. De nihilist wilt dat de wereld, welke ooit om God draaide, nu om *niets* draait.

Kan dit wel?—een orde gestoeld op niets? Natuurlijk niet; het is een tegenstrijdigheid, het is zelfmoord. Maar laten wij geen samenhangend-

---

[37] Cf. Josef Pieper, *The End of Time*, p. 58.

heid verwachten van de moderne denkers; dit is het punt dat het moderne denken en zijn Revolutie heden ten dage hebben bereikt. Als het een punt is dat enkel tijdelijk kan worden ingenomen, wanneer het louter is bereikt om snel weer vervangen te worden, dan mag diens realiteit ondanks dat alles toch niet worden ontkend. Er zijn vele tekenen die erop wijzen dat de wereld sinds het eindigen van de laatste wereldoorlog begonnen is zich uit het 'tijdperk van het nihilisme' te begeven en in de richting van een bepaald 'nieuw tijdperk'; toch zal dit 'nieuwe tijdperk', mocht het er komen, niet de overwinning op het nihilisme aanschouwen, maar de perfectionering ervan. De Revolutie onthult zijn meest authentieke gezicht in het nihilisme; zonder berouw—en daar is ook geen sprake van geweest—zal hetgeen dat daarna komt louter een masker zijn welke hetzelfde gezicht zal verhullen. Of dit zich nu openlijk zal voltrekken in het uitdrukkelijke antitheïsme van het bolsjewisme, het fascisme, het nazisme, of passief in de cultus van onverschilligheid en wanhoop, het 'absurdisme' en het 'existentialisme', de moderne mens heeft nadrukkelijk aangetoond niet langer met God te willen leven—dat wil zeggen, in een leegte, in een niets. Voor onze eeuw kon de goedbedoelde persoon zichzelf nog steeds voor de gek houden met het idee dat het 'liberalisme' en het 'humanisme', de 'wetenschap' en 'progressie', of zelfs de Revolutie zelf en het hele moderne denken iets 'positiefs' waren en zelfs, in een vage zin, God aan hun zijde hadden. Inmiddels is het echter vrij duidelijk dat de Revolutie en God niets met elkaar te maken kunnen hebben; binnen een moderne samenhangende filosofie is er zelfs helemaal geen plek meer voor God. Al het verdere moderne denken, onder om het even welke vermomming dit ook schuilgaat, moet dit vooronderstellen en moet verder borduren op de leegte die is achtergelaten door de 'dood van God'. De Revolutie kan zelfs niet worden volbracht totdat de laatste overblijfselen van het geloof in God zijn ontworteld uit de harten van de mensheid en iedereen in deze leegte heeft leren leven.

Op geloof volgt samenhangendheid. De wereld van het geloof, ooit de normale wereld, is een uiterst samenhangende wereld daar alles in deze wereld God als enkel oriëntatiepunt heeft voor zowel diens begin als diens einde en hier ook diens betekenis uit haalt. De nihilistische rebellie heeft, door deze wereld te vernietigen, aanzet gegeven tot een nieuwe wereld: de wereld van het 'absurde'. Dit woord, heden ten dage erg populair ter verklaring van de benarde situatie van de hedendaagse mens, heeft in werkelijkheid, mits goed begrepen, een diepgaande betekenis. Want als het niets het middelpunt van de wereld zou zijn, dan is de wereld, zowel in diens essentie als in elk detail, onsamenhangend, absurd, en valt het uiteen. Geen mens heeft deze wereld helderder en bondiger weten te omschrijven dan Nietzsche, diens 'profeet', in de passage waar hij voor het eerst zijn basisprincipe verkondigt, de 'dood van God'.

> Jij en ik, wij hebben hem gedood (God)! Wij zijn allen zijn moordenaars! Maar hoe is dit ons gelukt? Hoe hebben wij de zee kunnen leegdrinken? Wie heeft ons de wisser overhandigd waarmee wij de gehele horizon hebben uitgewist? Wat hebben wij teweeggebracht toen wij deze aarde losmaakte van diens zon? Waar beweegt het zich nu heen? Waar bewegen wij ons heen? Weg van alle zonnen? Stormen wij niet onophoudelijk verder? Achterwaarts, zijwaarts, voorwaarts, alle kanten op? Is er nog wel een boven en onder? Dwalen wij niet, als door een oneindig niets? Ademt de lege ruimte dan niet in ons gezicht? Is het niet kouder geworden? Komt de nacht niet steeds dichterbij, duisterder en duisterder?[38]

Zo ziet het nihilistische universum eruit, waarin er geen omhoog of omlaag meer is, geen goed of kwaad, juist of onjuist, daar er niet langer sprake is van een enkel oriëntatiepunt. Waar er ooit sprake was van God, is er nu niets meer; waar er ooit sprake was van autoriteit, van orde, zekerheid, geloof, daar is nu sprake van anarchie, verwarring, arbitraire en gewetenloze daden, twijfel en wanhoop. Dit is het universum dat zo helder wordt omschreven door de Zwitserse Katholiek Max Picard als de wereld van 'het vluchten voor God' en die van 'discontinuïteit' en 'onsamenhangendheid'.[39]

Het niets, de onsamenhangendheid, het antitheïsme, de haat voor de waarheid: wat wij op deze pagina's hebben besproken is meer dan louter wijsbegeerte, meer zelfs dan een rebellie van de mens tegen een God Die hij niet langer wenst te dienen. Er schuilt een genuanceerde intelligentie achter deze fenomenen en achter een gecompliceerd plan welke de wijsgeren en revolutionairen slechts dienen en niet zelf in de hand hebben; wij hebben hier te maken met het werk van Satan.

Inderdaad, vele nihilisten, in tegenstelling tot dat zij dit feit betwisten, genieten ervan. Bakoenin vond zichzelf aan de kant van 'Satan, de eeuwige rebel, de eerste vrije denker en verlosser van werelden'.[40] Nietzsche riep zichzelf uit tot 'de Antichrist'. Dichters, decadenten en de avant-garde in het

---

[38] *De vrolijke wetenschap*, #125.

[39] Zie Max Picard, *Flight from God*, Henry Regnery Company, 1951; en *Hitler in Our Selves*, Henry Regnery Company, 1947.

[40] *God and the State*, p. 2.

algemeen zijn sinds de Romantische eeuw zeer gefascineerd geweest met het satanisme en sommigen hebben zelfs geprobeerd het om te vormen tot een religie. Proudhon riep Satan zelfs op:

> Kom tot mij, Lucifer, Satan, wie u ook moge zijn! Duivel wie door het geloof van mijn vaderen werd tegengesteld aan God en de kerk. Ik zal dienen als uw woordvoerder en niets van u verlangen.[41]

Wat moet de orthodoxe christen van dergelijke woorden denken? Apologeten en geleerden van het nihilistische denken, wanneer zij dergelijke passages überhaupt beschouwen als waardig van hun reactie, wijzen ze doorgaans af als zijnde fantasierijke overdrijvingen, als gedurfde metaforen om een wellicht kinderlijke 'rebellie' uit te drukken. Het moet worden opgemerkt en toegegeven dat de uitingen van het moderne 'satanisme' zeker een kinderachtige kwaliteit met zich meedragen; zij die zo gemakkelijk Satan oproepen en zichzelf uitroepen tot de Antichrist kunnen zich maar weinig bewust zijn van de volledige betekenis van hun woorden, en maar weinigen verwachten dat zij daadwerkelijk serieus worden genomen. Deze naïeve bravoure onthult desalniettemin een dieperliggende waarheid. De Nihilistische Revolutie verzet zich tegen autoriteit en orde, tegen Waarheid, tegen God; en om dit te doen moet men, overduidelijk, aan de kant van Satan staan. De nihilist, daar hij normaal gesproken in God noch Satan gelooft, ziet het wellicht als pure sluwheid om, in zijn oorlog tegen God, de eeuwenoude vijand van God te verdedigen; maar ofschoon hij wellicht de mening is toegedaan dat hij louter zinspelingen maakt, spreekt hij in werkelijkheid de waarheid.

De Maistre, en later Donoso Cortes, schrijvend in een tijd waarin de kerk van Rome zich meer bewust was van de betekenis van de Revolutie dan zij nu is, en nog steeds in staat was zich er sterk tegen te verzetten, noemde de Revolutie een satanische manifestatie; en geschiedkundigen lachen erom. Wellicht dat zij het heden ten dage minder lachwekkend vinden wanneer dezelfde uitspraak wordt toegepast—al wordt dat zelfs tegenwoordig zelden in alle oprechtheid gedaan—op het nationaalsocialisme of het bolsjewisme; en sommigen kunnen zelfs het vermoeden krijgen dat er machten en drijfveren bestaan die er op de een of andere manier in zijn geslaagd om aan de aandacht van hun verhelderde blik te ontkomen.

---

[41] *Idee generale de la revolution*; ook *Justice*, III, pp. 433-34 (de Lubac, 173).

IV.
Het nihilistische programma

De oorlog tegen God waarmee het bewind van het niets verkondigt zal worden en wat de triomf van onsamenhangendheid en absurditeit als gevolg zal hebben, met dit alles onder het voorzitterschap van Satan: dit, in het kort, is de theologie en de betekenis van het nihilisme. Maar de mens kan niet leven volgens een zo schaamteloze verloochening; in tegenstelling tot Satan kan de mens dit niet eens verlangen voor zijn eigen bestwil, maar enkel door het te verwarren met iets positiefs en goeds. In feite heeft geen enkele nihilist—met uitzondering van een aantal momenten van uitzinnigheid en enthousiasme, of wellicht van wanhoop—zijn verloochening ooit gezien als ook maar iets behalve een middel tot het bereiken van een hoger doel: het nihilisme vordert diens satanische doeleinden door middel van een positief programma. De gewelddadigste revolutionairen—een Nechayev of een Bakoenin, een Lenin of een Hitler, en zelfs de gedementeerde beoefenaars van de 'propaganda van de daad'—droomden van de 'nieuwe orde' welke zou worden mogelijk gemaakt door hun gewelddadige vernietiging van de Oude Orde; Dada en 'antiliteratuur' zijn niet gemunt op de totale vernietiging van de kunst, maar op het vinden van de weg naar een 'nieuwe' kunst; de passieve nihilist, in zijn 'existentiële' apathie en wanhoop, blijft enkel in leven aan de hand van de vage hoop dat hij wellicht ooit een ultieme voldaanheid zal vinden in een wereld die de mogelijkheid daarop lijkt te ontkennen.

De inhoud van het nihilistische droombeeld is derhalve een 'positieve' inhoud. Maar de waarheid vereist ons dit vanuit het juiste perspectief te bekijken: niet door de rooskleurige lenzen van de nihilist zelf, maar op de realistische wijze die de intieme betrokkenheid met het nihilisme ons in deze eeuw toestaat. Bewapend met de kennis welke ons door deze betrokkenheid wordt verschaft, en met de Christelijke Waarheid welke ons in staat stelt het correct te interpreteren, zullen wij pogen een kijkje te nemen achter de nihilistische uitspraken om te zien welke realiteiten zij verhullen. Bekeken vanuit dit perspectief, zullen de uitspraken die voor de nihilist volledig 'positief' lijken te zijn, voor de orthodoxe christen in een ander daglicht komen te staan. Namelijk als gegevens binnen een programma dat sterk verschilt van dat van de nihilistische apologetiek.

1. DE VERNIETIGING VAN DE OUDE ORDE

Het eerste en meest voor de hand liggende punt op het programma van het nihilisme is de vernietiging van de Oude Orde. De Oude Orde was de bodem, gevoed door de Christelijke Waarheid, waarop men hun leven bouwden. Diens wetten, instituten en zelfs gewoonten waren op deze Waarheid gestoeld en toegewijd aan het onderwijzen ervan; diens gebouwen werden opgetrokken tot de glorie Gods en waren een zichtbaar teken van Zijn Orde op aarde; zelfs de algemene 'primitieve' (maar natuurlijke) levensomstandigheden dienden (onbedoeld, uiteraard) als een herinnering aan de nederige plaats van de mens hier op aarde, van zijn afhankelijkheid van God voor zelfs het kleine aantal aardse zegeningen dat hij bezat, en voor zijn ware thuis dat voorbij deze 'vallei van tranen' gelegen is in het Koninkrijk der Hemelen. Effectieve oorlogsvoering tegen God en Zijn Waarheid vereist de vernietiging van elk van de elementen van deze Oude Orde; het is hier waar de uitzonderlijk nihilistische 'deugd' van *geweld* een rol gaat spelen.

Geweld is niet louter een incidenteel aspect van de Nihilistische Revolutie, maar maakt onderdeel uit van haar essentie. Volgens de marxistische 'dogma' is 'geweld de vroedvrouw van elke oude maatschappij die zwanger is van een nieuwe';[42] een beroep doen op geweld, en zelfs een zekere extase voor het vooruitzicht ervan, zijn alomtegenwoordig in de revolutionaire literatuur. Bakoenin riep de 'kwaadaardige passies' op en drong aan op het ontketenen van de 'populaire anarchie'[43] teneinde 'universele vernietiging' teweeg te brengen, en zijn 'Revolutionaire Catechismus' is het slaghoedje van genadeloos geweld; Marx was fervent in zijn pleidooi voor 'revolutionair terreur' als het enige middel om de komst van het communisme mee te versnellen;[44] Lenin definieerde de 'dictatuur van het proletariaat' (het stadium waarin de Sovjet-Unie zich nog steeds bevindt) als 'een overheersing die

---

[42] Karl Marx, *Capital*, Chicago, Charles Kerr and Company, 1906, Vol. I, p. 824.

[43] Zie de citaten in E. H. Carr, *op. cit.*, pp. 173, 435; cf. Maximoff, *op. cit.*, pp. 380-81.

[44] Voor een synopsis van Marx' kijk op geweld zie J. E. LeRossignol, *From Marx to Stalin*, New York, Thomas Y. Crowell Company, 1940, pp. 321-22.

niet wordt belemmerd door wetten en die gestoeld is op geweldpleging'.[45] Een demagogische opruiing van de menigten en het aanwakkeren van de hartstochten voor revolutionaire doeleinden behoren al voor lange tijd tot de standaard nihilistische praktijk.

De geest van geweldpleging is, in onze eeuw, niet grondiger geïncarneerd als in de nihilistische regimes van het bolsjewisme en het nationaalsocialisme; zij hebben de principiële rollen toegekend gekregen in de nihilistische taak van de vernietiging van de Oude Orde. Deze twee, wat hun psychologische verschillen en de historische 'ongelukken' door welke zij in tegenoverstaande kampen terecht zijn gekomen ook mogen zijn, hebben samengewerkt in hun verwoede volbrenging van deze taak. Het bolsjewisme, zo moet worden opgemerkt, heeft van de twee de 'positievere' rol gehad, daar het in staat is geweest zijn monsterlijke misdaden te rechtvaardigen door een beroep te doen op een pseudochristelijk, messiaans idealisme dat door Hitler werd verafschuwd; Hitlers rol in het nihilistische programma was gespecialiseerder en meer provinciaal, maar desalniettemin essentieel.

Zelfs in diens falen—of, beter gezegd, *juist* in diens falen van het behalen van diens ogenschijnlijke doelstellingen—heeft het nazisme zich verdienstelijk gemaakt voor dit programma. Los van de politieke en ideologische voordelen welke door het nazistische intermezzo in de Europese geschiedenis aan de communistische machten werden geschonken (het communisme, zo wordt heden ten dage algemeen en onjuist geloofd, zal nooit zo kwaadaardig kunnen zijn als het nazisme, zelfs niet als het het kwaad zelve is), diende het nazisme een andere, meer voor de hand liggende functie. Goebbels legde deze functie uit in zijn radio-uitzendingen gedurende de laatste dagen van de Oorlog.

> Door de bommenterreur worden de schuilplaatsen van de rijken noch de armen gespaard; vóór de arbeidsbureaus van totale oorlogsvoering zijn de laatste overgebleven klassenbarrières met de grond gelijk gemaakt.... Tezamen met de cultuurmonumenten verbrokkelen ook de laatste belemmeringen voor het volbrengen van onze revolutionaire taak. Nu dat alles in puin ligt, zien wij ons gedwongen Europa te herbouwen. In het verleden verbonden persoonlijke eigendommen ons aan de beperkingen van de bourgeoisie. Nu hebben de bommen, in plaats van het omleggen

---

[45] *Left-Wing Communism*, geciteerd in Stalin, *Foundations of Leninism*, New York, International Publishers, 1932, p. 47. (Of: *The Proletariat Revolution and the Renegade Kautsky*, Little Lenin Library, No. 18, p. 19.)

van alle Europeanen, louter de gevangenismuren vernietigd door welke zij gevangen werden gehouden.... Door Europa's toekomst te trachten te vernietigen, is de vijand er enkel in geslaagd haar verleden uit te wissen; en daarmee is alles dat oud en versleten was verdwenen.[46]

Het nazisme, alsmede diens oorlog, hebben hetzelfde teweeggebracht voor Centraal-Europa (en in mindere mate voor West-Europa) als wat het bolsjewisme tijdens zijn revolutie voor Rusland heeft teweeggebracht: de Oude Orde vernietigd en de weg vrijgemaakt voor de 'nieuwe'. Het bolsjewisme had er destijds geen moeite mee om verder te gaan waar het nazisme was geëindigd; binnen enkele jaren ging het geheel van Centraal-Europa gebukt onder de 'dictatuur van het proletariaat'—oftewel, bolsjewistische tirannie—waar het nazisme op succesvolle wijze de weg voor had vrijgemaakt.

Het nihilisme van Hitler was te puur, te sterk uit balans, om meer dan louter een negatieve, voorafgaande rol te spelen in het algemene nihilistische programma. Zijn rol, net als dat van de puur negatieve eerste fase van het bolsjewisme, is nu volbracht, en het volgende stadium behoort toe aan een macht die een vollediger beeld heeft op de gehele Revolutie, de Sovjetmacht waar Hitler, in zekere zin, zijn nalatenschap aan heeft geschonken in de woorden, 'de toekomst behoort enkel toe aan de sterkere oosterse natie.'[47]

2. DE TOTSTANDKOMING VAN DE 'NIEUWE AARDE'

Wij zijn echter nog niet toegekomen aan de uiteindelijke toekomst, het eind van de Revolutie; tussen de Vernietigende Revolutie en het aardse paradijs ligt immers nog een overgangsstadium welke in de marxistische leer bekend staat als de 'dictatuur van het proletariaat'. In dit stadium zullen wij geweld een tweede, 'opbouwende' functie zien hebben. De nihilistische Sovjetmacht is de meest genadeloze en systematische geweest in de ontwikkeling van dit stadium, maar exact hetzelfde wordt heden ten dage door de realist van de vrije wereld verwezenlijkt, die vrij succesvol is geweest in het transformeren en 'simplificeren' van de christelijke traditie tot een systeem voor het bevorderen van wereldse 'progressie'. Het ideaal van zowel de Sovjet-Russische als de westerse realisten is identiek, en wordt door de eerste met een eenduidige ijver en door de laatste spontaner en meer sporadisch nagestreefd, niet altijd

....

[46] Geciteerd in H. R. Trevor-Roper, *The Last Days of Hitler*, New York, The Macmillan Company, 1947, pp. 50-51.
[47] Geciteerd in *Ibid.*, p. 82.

direct door de overheden zelf maar aan de hand van hun bemoediging, waarbij vooral gebruik wordt gemaakt van het individuele initiatief en ambitie. Overal ter wereld beelden de realisten zich een volledig 'nieuwe orde' in, van de grond af opgebouwd door mensen die zijn 'bevrijd' van de juk van God en op de ruïnes van een Oude Orde welks fundament een goddelijke kwaliteit droeg. De Nihilistische Revolutie, bedoeld of onbedoeld, wordt aanvaard; en aan de hand van het werk van de arbeiders binnen alle aspecten van het leven, aan beide kanten van het 'IJzeren Gordijn', komt een nieuw, louter menselijk Koninkrijk tot stand waarin zijn apologeten een 'nieuwe aarde' zien welke in voorgaande eeuwen onvoorstelbaar was, een aarde volledig uitgebuit, beheerd en georganiseerd in het belang van de mens en in strijd met de ware God.

Geen plek op aarde is veilig voor het oprukkende koninkrijk van dit nihilisme; overal streeft de mens koortsachtig het werk van 'progressie' na—met welke reden weten zij niet, of voelen zij slechts zwakjes. In de vrije wereld is het wellicht een *horror vacui* waar de mens voornamelijk door wordt aangespoord tot koortsachtige activiteit om zo de spirituele leegte te kunnen vergeten waar al het wereldse mee gepaard gaat; in de communistische wereld wordt een belangrijke rol nog steeds vervuld door een haat jegens zowel echte als ingebeelde vijanden, maar voornamelijk jegens de God Die door hun Revolutie is onttroond, een haat die hen ertoe zet de wereld in strijd met Hem te herbouwen. Het is, in ieder geval, een koude, onmenselijke wereld die momenteel door de mensen die zonder God leven wordt gevormd, een wereld waarin overal organisatie en efficiëntie te vinden zijn, maar nergens liefde of eerbied. De steriele 'puurheid' en 'functionaliteit' van de hedendaagse architectuur zijn een kenmerkende expressie van zulk een wereld; dezelfde geest is aanwezig in de ziekte van de volledige beheersing, bijvoorbeeld in 'geboortebeperking', in experimenten die zich richten op het beheersen van erfelijkheid en de menselijke geest, in de 'verzorgingsstaat'. Sommigen van de apologeten van dergelijke regelingen komen angstwekkend dicht in de buurt van een vreemd soort lucide krankzinnigheid, waarin de precisie van details en technieken worden verenigd tot een verachtelijke intensiteit naar het bereiken van het doel dat door deze regelingen wordt gediend.

Nihilistische 'organisatie'—de totale transformatie van de aarde en de maatschappij aan de hand van machines, moderne architectuur en vormgeving, alsmede de onmenselijke filosofie van 'cybernetica' dat met al deze gepaard gaat—is een gevolg van de ongekwalificeerde aanvaarding van de industrialisatie en de technologie welke wij in het vorige hoofdstuk hebben beschouwd als zijnde de toortsdragers voor een wereldsheid die, wanneer er niet tegen zal worden opgetreden, enkel kan eindigen in tirannie. Wij kunnen er een praktische vertaling in zien van de filosofische ontwikkeling die wij hierboven in sectie 1 hebben behandeld: de transformatie van waarheid tot macht. Wat wellicht 'ongevaarlijk' lijkt in het filosofische pragmatisme en scepticisme wordt door de 'beheerders' van onze tijd omgevormd tot iets geheel anders. Want wanneer er geen waarheid is, zal macht geen grenzen kennen behalve de grenzen die worden opgelegd door het medium waarin het functioneert, of de grenzen die worden opgelegd door een sterkere tegengestelde macht. De macht van de hedendaagse 'beheerders' zal, wanneer er niet tegen zal worden opgetreden, diens natuurlijke grenzen enkel onder ogen zien in een regime van volledige ordening.

Dit was inderdaad de droom van Lenin; want voordat de 'dictatuur van het proletariaat' ten einde komt, 'zal de gehele maatschappij een enkel kantoor en een enkele fabriek zijn geworden met gelijk werk en gelijke beloning.'[48] In de nihilistische 'nieuwe aarde' zal alle menselijke energie zijn toegewijd aan wereldse belangen; de gehele menselijke omgeving en ieder object daarbinnen zullen het doel van 'productie' moeten dienen en de mens eraan moeten herinneren dat zijn enige mogelijke geluk te vinden zal zijn in deze wereld alleen; er zal, inderdaad, een absoluut despotisme van wereldsheid moeten worden opgesteld. De kunstmatige wereld die is opgetrokken door hen die de laatste overblijfselen van goddelijke invloed in de wereld en de laatste sporen van het geloof in de mens wensen te verwijderen, belooft zo alomvattend en zo alomtegenwoordig te zijn dat het voor de mens vrijwel onmogelijk zal zijn om ook maar iets dat daar buiten is gelegen te kunnen aanschouwen, in te beelden of er zelfs maar enige hoop voor te voelen. Deze wereld, vanuit het nihilistische perspectief, zal er een zijn van perfect 'realisme' en volledige 'bevrijding'; maar in werkelijkheid zal het de uitgebreidste en efficiëntste gevangenis zijn die de mens ooit heeft gekend, daar er—in de woorden van Lenin—'onmogelijk aan te ontkomen zal zijn en de mens "geen kant op" zal kunnen.'[49]

De macht van de wereld, waar de nihilisten evenzo op vertrouwen als de christenen in hun God, kan onmogelijk bevrijdend zijn, maar kan enkel onderwerpen; enkel in Christus, Wie de wereld heeft 'overwonnen',[50] kan er een verlossing van deze macht gevonden worden, zelfs wanneer het tot een bijna absolute macht zal zijn uitgegroeid.

---

[48] *State and Revolution*, International Publishers, New York, 1935, p. 84.
[49] *Loc. cit.*
[50] Johannes 16:33.

3. DE VORMING VAN DE 'NIEUWE MENS'

De vernietiging van de Oude Orde en het ordenen van de 'nieuwe aarde' zijn echter niet de enige punten op het historische programma van het nihilisme; zij zijn, wellicht, zelfs niet eens de belangrijkste punten. Zij zijn louter de voorbereiding op een werk dat meer significant en onheilspellender is dan beide: de 'transformatie van de mens'.

Dit was de droom van de pseudonietzscheanen, Hitler en Mussolini, een droom van een 'hogere mensheid' die gesmeed zou moeten worden met 'creatief' geweld; 'dit is de missie van onze eeuw,' zei Hitlers propagandist Rosenberg: 'om vanuit een nieuwe levensmythe een nieuwe menselijke soort te scheppen.'[51] Wij weten, op basis van de nazipraktijken, wat dit 'menselijke soort' was, en de wereld leek het te hebben afgewezen als zijnde barbaars en inhumaan. Maar de 'massale verandering in de menselijke natuur' waar het marxisme zich tot richt, is een doelstelling die wellicht niet heel verschillend is. Marx en Engels zitten wat dat betreft duidelijk op een lijn:

> Zowel voor de productie van dit massale communistische bewustzijn als voor het succes van de doelstelling zelf, is de massale transformatie van de mens noodzakelijk, een transformatie welke enkel kan plaatsvinden in een praktische beweging, een *revolutie:* deze revolutie is derhalve niet enkel noodzakelijk omdat de heersende klasse op geen enkele andere manier ten val gebracht kan worden, maar ook omdat de klasse die het *ten val brengt* enkel in een revolutie kan slagen wanneer het zich ontdoet van al het drab van voorgaande eeuwen en het zichzelf zo in staat stelt de maatschappij opnieuw te grondvesten.[52]

Laten wij de kwestie van het type mens dat door dit proces geschapen zal worden tijdelijk aan de kant zetten en ons richten tot de middelen die hiervoor zullen worden toegepast: het is wederom *geweld* dat evenzo noodzakelijk is voor de totstandkoming van de 'nieuwe mens' als voor het opbouwen van een 'nieuwe aarde'. De twee zijn inderdaad nauw met elkaar verbonden in de deterministische filosofie van Marx, daar 'in revolutionaire bezigheid, de verandering van de zelf samenvalt met de verandering van

---

[51] *Mythus des 20 Jahrhunderts*, p. 22.

[52] Marx en Engels, *The German Ideology*, Deel I, New York, International Publishers, 1947, p. 69.

omstandigheden.'[53] Door de verandering van omstandigheden en, sterker nog, *hun veranderingsproces aan de hand van revolutionair geweld*, zullen ook de revolutionairen zelf transformeren. Hier onderschrijven Marx en Engels, net als hun tijdsgenoot Nietzsche, en als Lenin en Hitler na hen, de charme van geweld daar zij de mening zijn toegedaan dat er een magische verandering teweeggebracht moet worden in de aard van de mens door hem zich over te laten geven aan zijn hartstochten van woede, haat, wraakzucht en de wil om anderen te overheersen. In dit opzicht moeten wij tevens de twee wereldoorlogen opmerken, welks geweld zowel de Oude Orde als de oude mens, beide geworteld in een stabiele en traditionele maatschappij, voorgoed hebben vernietigd, en welke een grote rol hebben gespeeld in de totstandbrenging van de nieuwe ontwortelde mensheid die door het marxisme zo wordt geïdealiseerd. De dertig jaren van nihilistische oorlogsvoering en revolutie tussen 1914 en 1945 hebben de ideale broedgrond gebleken voor de 'nieuwe menselijke soort'.

Het is uiteraard geen geheim voor de hedendaagse wijsgeren en psychologen dat de *mens zelf verandert* in onze gewelddadige eeuw, onder de invloed van, natuurlijk, niet enkel oorlog en revolutie, maar ook van vrijwel alles dat 'modern' en 'progressief' beweert te zijn. Wij hebben reeds de opvallendste vormen van het nihilistische vitalisme behandeld, welks gezamenlijk effect het ontwortelen, desintegreren en 'mobiliseren' van het individu is geweest om zo zijn normale stabiliteit en geworteldheid te verwisselen met een zinloze zoektocht naar macht en beweging, en om zijn normale menselijke gevoelens te vervangen met een nerveuze prikkelbaarheid. Het werk van de nihilistische realist, zowel in de praktijk als in theorie, is evenwijdig en complementair geweest aan dat van het vitalisme: een werk van standaardisering, specialisering, simplificering, mechanisering en dehumanisering; het effect hiervan is het 'reduceren' van het individu tot het 'primitiefste' en meest basale niveau geweest, om hem in feite een slaaf te maken van zijn omgeving, de perfecte arbeider in Lenins wereldwijde 'fabriek'.

Deze observaties zijn heden ten dage gemeenplaats; er is een overvloed aan boeken over geschreven. Vele denkers zijn in staat het duidelijke verband te zien tussen de nihilistische filosofie waardoor de realiteit en de menselijk aard tot de meest simplistische termen worden gereduceerd, en een nihilistische praktijk waarmee op soortgelijke wijze de concrete mens wordt gereduceerd; tevens wordt de ernst en het radicalisme van deze 're-

---

[53] Marx en Engels, *The German Ideology*, Deel I, New York, International Publishers, 1947, p. 204 (n. 46).

ductie' door velen zelfs zo dusdanig doorzien dat zij er, net als Erich Kahler, een kwalitatieve verandering in de menselijke natuur in waarnemen.

> (De) machtige trend richting de ontwrichting en nietigverklaring van het individu ... zo overduidelijk aanwezig in de meest diverse stromingen van het moderne leven—economisch, technologisch, politiek, wetenschappelijk, educatief, psychologisch en artistiek—komt zo overweldigend helder naar voren dat wij ertoe worden aangezet er een ware mutatie in te zien, een ware transformatie van de menselijke natuur.[54]

Maar zelfs van hen die tot dit besef komen zijn maar weinigen zich echt bewust van diens diepgaande betekenis en implicaties (daar deze theologisch zijn en derhalve volledig buiten het blikveld vallen van de gemiddelde empirische analyse), of van een mogelijke remedie (daar deze enkel van een spirituele orde kan zijn). De auteur die wij zojuist citeerde, bijvoorbeeld, haalt hoop uit het vooruitzicht van een overgang naar een 'soort supraïndividuele bestaansvorm' en onthult daarmee dat hij niet over enige hogere wijsheid beschikt dan dat van de 'tijdgeest' welke—zo zullen wij zien—inderdaad het ideaal van een sociaal 'Supermens' heeft opgeworpen.

Wat, realistischer gezien, is deze 'mutatie', de 'nieuwe mens'? Het is de ontheemde mens, afgescheiden van een door het nihilisme vernietigde geschiedenis, de gemakkelijk te vormen klei uit de droom van iedere demagoog; de 'vrije denker' en scepticus, enkel gesloten voor de waarheid maar 'open' voor elke nieuwe intellectuele mode daar hijzelf niet over een intellectueel fundament beschikt; de 'zoeker' naar een 'nieuwe openbaring', klaar om in al het nieuwe te geloven daar het ware geloof in hem is vernietigd; de beheerder en experimenteerder die louter de 'feiten' aanbid daar hij de waarheid heeft verlaten en de wereld ziet als een groots laboratorium waarin hij volledig vrij is zelf te bepalen wat voor hem 'mogelijk' en 'waarschijnlijk' is; de autonome mens, zich nederig wanend daar hij enkel naar zijn 'rechten' vraagt, maar tegelijkertijd vol is van een trots die hem doet verwachten dat hem alles in de schoot wordt geworpen in een wereld waarin niets hem door een hogere macht wordt verboden; de man van het moment, zonder geweten of waarden en derhalve continu overgeleverd aan de sterkste 'drijfveer'; de 'rebel', met een haat voor alle beperkingen en alle autoriteit daar hijzelf zijn eigen en enige god is; de 'mens van de menigte', deze nieuwe barbaar, grondig 'gereduceerd' en 'gesimplificeerd' en enkel

---

[54] Erich Kahler, *The Tower and the Abyss*, New York, George Braziller, Inc., 1957, pp. 225-26.

in staat de elementairste denkbeelden te onderhouden, maar toch minachtend over eenieder die naar de hogere dingen of de ware complexiteiten van het leven denkt te kunnen wijzen.

Deze mensen zijn allen één mens, de mens wiens vorming het voornaamste doel is geweest van het nihilisme. Maar louter omschrijvingen doen deze mens geen recht; men moet zijn beeld zelf aanschouwen. En zulk een beeld is ons zelfs vrij recentelijk nog tentoongesteld; het is het beeld van de hedendaagse schilderijen en sculpturen, dat wat, grotendeels, sinds het eind van de Tweede Wereldoorlog is ontstaan alsof het vorm wilde geven aan de realiteit die is geschapen door de meest geconcentreerde nihilistische eeuw in de geschiedenis van de mensheid.

De menselijke vorm, zo lijkt het, is in deze kunstvorm 'herontdekt'; uit de chaos van volledige abstractie komen herkenbare vormen tevoorschijn. Het resultaat is zogenaamd een 'nieuw humanisme', een 'terugkeer naar de mens' welke des te belangrijker is daar het—in tegenstelling tot zovele binnen de artistieke scholen van de twintigste eeuw—niet een kunstmatig bedenksel betreft waarvan de inhoud achter een wolk van irrationele jargon wordt verscholen, maar een spontaan gezwel dat diepe wortels lijkt te hebben in de ziel van de hedendaagse mens. In de werken van, bijvoorbeeld, Alberto Giacometti, Jean Dubuffet, Francis Bacon, Leon Golub, Jose Luis Cuevas—om maar een internationaal monster te nemen[55]—lijkt er een oprechte 'hedendaagse' kunst aanwezig te zijn die, zonder de wanorde en de 'vrijheid' van abstracties te laten vallen, haar aandacht afwendt van louter een ontsnapping en richting een serieuze 'menselijke betrokkenheid'.

Maar tot wat voor soort 'mens' is deze kunstvorm 'wedergekeerd'? Zeker niet tot de christelijke mens, de mens geschapen naar het beeld en de gelijkenis van God, daar geen enkel 'modern' mens in hem kan geloven; noch is het de ietwat 'verwaterde' mens van het oude humanisme die door alle 'geavanceerde' denkers beschouwd wordt als zijnde in diskrediet gebracht en verouderd. Het is zelfs niet de 'mens' die is misvormd en onnatuurlijk is gemaakt door de eerdere 'kubistische' en 'expressionistische' kunstvormen van deze eeuw; het begint eerder waar deze kunstvormen zijn opgehouden en tracht daarbij een nieuw domein te betreden, om zo een 'nieuwe mens' af te kunnen beelden.

....

[55]   Talrijke voorbeelden van deze kunst kunnen gevonden worden in twee boeken van haar apologeten: Peter Selz, *New Images of Man*, New York, The Museum of Modern Art, 1959; en Selden Rodman, *The Insiders*, Louisiana State University Press, 1960.

Voor de orthodoxe christelijke aanschouwer, niet geïnteresseerd in wat door de avant-garde als modieus of verfijnd wordt beschouwd, maar in de waarheid, zal er weinig bezinning nodig zijn om tot het geheim van deze kunstvorm door te kunnen dringen: er is helemaal geen sprake meer van de 'mens'; het is een subhumanistische en demonische kunstvorm. Het onderwerp van deze kunstvorm is niet de mens, maar een lagere creatuur die is verrezen ('gearriveerd' is het woord dat Giacometti gebruikt) uit onbekende diepten.

De lichamen die door deze creatuur worden aangenomen (en het zal ongeacht al diens metamorfoses altijd dezelfde creatuur blijven) zijn niet noodzakelijk met geweld misvormd; vervormd en ontleed als zij mogen zijn, zij zijn geregeld 'realistischer' dan de figuren van de mens in de eerdere moderne kunst. Dit creatuur, zo is duidelijk, is niet het slachtoffer van een gewelddadige aanval; nee, *het werd misvormd geboren*, een ware 'mutatie'. De gelijkenis tussen een aantal van deze figuren en de foto's van de misvormde kinderen die recentelijk gebaard zijn door de duizenden vrouwen die tijdens hun zwangerschap het geneesmiddel thalidomide hebben ingenomen is onmiskenbaar; en wij hebben ongetwijfeld nog niet het einde gezien van zulke monsterlijke 'toevalligheden'.

Meer onthullend nog dan de lichamen van deze creaturen zijn diens gezichten. Het zou teveel gezegd zijn dat deze gezichten hopeloosheid uitdrukken; daarmee zouden wij hen nog enig spoor van menselijkheid toeschrijven waar zij beslist niet over beschikken. In plaats daarvan zijn het de gezichten van creaturen die zich min of meer hebben 'aangepast' aan de wereld die zij kennen, een wereld die hen niet vijandelijk maar volledig vreemd is, niet onmenselijk maar 'a-menselijk'.[56] De doodsangst, de woede en de wanhoop van de vroegere expressionisten is hier, als het ware, vastgevroren en afgezonderd van een wereld waarmee zij op zijn minst nog het verband van ontkenning hadden, teneinde een geheel eigen wereld te scheppen. De mens, in deze kunstvorm, is zelfs niet langer een karikatuur van zichzelf; hij wordt niet langer afgebeeld als zijnde in de greep van een spirituele dood, geteisterd door het afschuwelijke nihilisme van onze eeuw dat niet enkel lichaam en ziel bestrijdt, maar ook het idee en de aard van de mens zelf. Nee, dit alles is voorbij; de crisis is voorbij; de mens is dood. Deze nieuwe kunstvorm viert de geboorte van een nieuw ras, het creatuur van de lagere diepten, subhumaniteit.

---

[56] Deze term is afkomstig van Erich Kahler, in *op. cit.*, p. 15.

Wij hebben deze kunstvorm wellicht uitgebreider behandeld dan voor zijn intrinsieke waarde noodzakelijk is, daar het concreet en onmiskenbaar bewijs levert—voor hij die ogen heeft om te zien—van een realiteit welke, abstract gezegd, onvoorstelbaar lijkt. Het is gemakkelijk om de 'nieuwe mensheid' die door een Hitler of een Lenin werd voorzien als louter fantasie van de hand te wijzen; en zelfs de plannen van de vrij respectabele nihilisten die zich heden ten dage onder ons begeven en kalmpjes het wetenschappelijke broeden van een 'biologisch supermens' bespreken, of zich een utopie voorstellen waarin de 'nieuwe mens' moet worden ontwikkelt aan de hand van het meest bekrompen 'moderne onderwijs' en een strenge beheersing van de menselijke geest, lijken ver van ons verwijdert en slechts licht beangstigend.

Maar wanneer men wordt geconfronteerd met het werkelijke beeld van een 'nieuwe mens', een beeld zo onvoorstelbaar barbaars en weerzinwekkend, en tegelijkertijd zo onopzettelijk, zo consistent en zo wijdverspreid aanwezig in de moderne kunst, zal men erdoor worden verrast en zal de volle glorie van de afschuw van de hedendaagse staat van de mens een klap uitdelen die men niet snel zal vergeten.

V.
Het nihilisme voorbij

Het beeld van de 'nieuwe mens' dat op deze pagina's wordt gepresenteerd is uitsluitend een negatief beeld geweest. Vele navorsers van de hedendaagse staat van de mens, ofschoon zij wellicht de waarheid van een aantal van onze observaties zullen erkennen, zouden het geheel van ons werk afkeuren als zijnde 'eenzijdig'. In alle rechtvaardigheid zullen wij derhalve ook de andere kant moeten behandelen, de 'positieve' kant.

Het kan inderdaad niet worden ontkend dat naast de stromingen van wanhoop, desillusie en 'a-menselijkheid' die wij hebben omschreven als voortkomend uit het nihilistische tijdperk, er zich ook een parallelle stroming heeft ontwikkelt van optimisme en idealisme welke haar eigen 'nieuwe mens' heeft voortgebracht. Dit zijn de jonge mensen die zowel praktisch als idealistisch zijn, die staan te popelen om de hedendaagse problemen aan te pakken, om het ideaal van Amerika of de Sovjet-Unie te verspreiden (of het universelere ideaal dat beide overstijgt) naar 'achtergestelde' landen; enthousiaste wetenschappers die overal de 'grenzen' verleggen met het zonder twijfel 'aangrijpende' onderzoek dat heden ten dage wordt verricht; pacifisten en niet-gewelddadige idealisten die zich inzetten voor vrede, broederschap, eensgezindheid en het overwinnen van eeuwenoude haatgevoelens; jonge schrijvers, 'brandend' voor gerechtigheid en gelijkheid terwijl zij—zo goed als zij daartoe in staat zijn in deze treurige wereld—een nieuwe boodschap van blijdschap en creativiteit prediken; zelfs de artiesten wiens beeltenis van de mens wij genadeloos hebben aangevallen, daar het ongetwijfeld hun intentie is de wereld die zulk een mens heeft voortgebracht te verwerpen en de weg te wijzen die aan deze mens voorbij gaat; alsmede de grote hoeveelheden alledaagse jongeren die blij zijn te leven in deze 'spannende' tijd, die oprecht en goedbedoelend zijn en met vertrouwen en optimisme de toekomst tegemoet gaan, een toekomst waarin op zijn minst geluk in plaats van tegenspoed ervaren zal kunnen worden. De oudere generatie, te getekend door het nihilistische tijdperk dat het heeft doorlopen om volledig in het enthousiasme van de jongeren te kunnen delen, heeft goede hoop voor hen; zou het wellicht niet mogelijk zijn, mits de 'tijdgeest' hen gunstig ligt, dat hun dromen verwerkelijkt zullen worden?

Voordat wij deze vraag beantwoorden, zullen wij eerst een andere, fundamentelere vraag moeten stellen: wat is de aard van het geloof en de hoop waardoor deze dromen worden geïnspireerd? Het antwoord is duidelijk: zij zijn beide van een geheel wereldse aard. Artistieke en wetenschappelijke nieuwigheden, welvaart en comfort, nieuwe werelden ter verkenning, 'vrede', 'broederschap' en 'blijdschap' zoals deze door de populaire geest worden verstaan: dit zijn de wereldse goederen die zullen vergaan, en wanneer zij worden nagestreefd met de eenduidige toewijding die zij heden ten dage door de optimistische 'nieuwe mens' ontvangen, dan zullen zij spiritueel schadelijk zijn. Het ware en eeuwige thuis van de mens bevindt zich niet in deze wereld; de ware vrede, liefde en blijdschap van Christus, welke door de gelovige zelfs in dit leven worden ervaren, zijn, vergeleken met hun wereldse persiflages welke de 'nieuwe mens' louter met een ijdele hoop vervullen, afkomstig van een geheel andere dimensie.

Het bestaan van deze 'nieuwe mens', wiens geloof en hoop enkel tot deze wereld zijn gericht, dient als verder bewijs voor het succes van het nihilistische programma. De 'nieuwe mens' in zijn 'positieve' vorm is afkomstig van dezelfde foto als waar de submenselijkheid die wij hebben omschreven het negatief van is. In dit negatieve beeld wordt hij gezien als zijnde verslagen en gedenatureerd door een onmenselijke wereld; het pessimisme en de wanhoop van dit beeld—en dit is hun enige positieve betekenis—vormen op zijn minst een zwak protest tegen het werk van het nihilisme, terwijl zij tegelijkertijd getuigen van zijn succes. In het positieve beeld heeft de 'nieuwe mens' zich ertoe gezet de wereld te veranderen en, tegelijkertijd, zijn eigen houding te veranderen naar een van aanvaarding van de moderne wereld die, ofschoon imperfect, de enige wereld is die hij kent; in dit beeld zijn er geen conflicten meer, daar de mens goed op weg is naar een volledige hervorming en heroriëntatie van zichzelf en derhalve perfect 'aangepast' zal zijn aan de nieuwe wereld. Deze twee beelden vormen één geheel in het teweegbrengen van de dood van de mens zoals wij hem tot dusverre hebben gekend—de mens die op aarde leefde als een pelgrim en de Hemel als zijn ware thuis zag—wijzend naar de geboorte van een 'nieuwe mens' die enkel des werelds is en geen hoop of wanhoop kent behalve omtrent wereldse zaken.

Onderling vormen de positieve en negatieve beelden van de 'nieuwe mens' een opsomming van de staat waar de hedendaagse mens zich in bevindt, de mens waarin wereldsheid het geloof heeft overwonnen. Tegelijkertijd vormen zij een teken van overgang, een voorbode op een enorme verandering in de 'tijdgeest'. In het negatieve beeld lijkt de apostaat van de Christelijke Waarheid waar het moderne tijdperk voornamelijk door wordt gekenmerkt zijn limiet te hebben bereikt; nu God 'dood' is, heeft de mens die naar Zijn beeld en gelijkenis is geschapen zijn aard verloren en is hij tot een submenselijkheid vervallen. In het positieve beeld, daarentegen, lijkt er een nieuwe beweging te zijn begonnen; de mens heeft zijn nieuwe aard ontdekt, namelijk dat van een aards wezen. Het tijdperk van ontkenning en nihilisme, welke tot het uiterste heeft weten te komen, is voorbij; de 'nieuwe mens' heeft niet langer voldoende interesse in de Christelijke Waarheid om het zelfs maar te ontkennen; zijn volledige aandacht is gericht op deze wereld.

Het nieuwe tijdperk, welke door velen een 'postchristelijk' tijdperk wordt genoemd, is tegelijkertijd het tijdperk dat 'het nihilisme voorbij' is gestreefd—een uitspraak die tegelijkertijd zowel een feit als een hoop uitspreekt. Het feit is dat het nihilisme, dat negatief is in essentie zelfs wanneer het positief is in aspiratie, en dat diens volledige energie te danken heeft aan diens passie de Christelijke Waarheid te vernietigen, met de schepping van een 'nieuwe aarde' en een ontmenselijkte 'nieuwe mens' het einde van diens programma heeft bereikt: nu de christelijke invloed op de mens en de maatschappij op effectieve wijze is vernietigd, moet het nihilisme zich terugtrekken en plaatsmaken voor een andere, meer 'opbouwende' beweging die in staat is om op basis van autonome en positieve motieven te handelen. Deze beweging, welke wij in het volgende hoofdstuk zullen behandelen onder de naam van het anarchisme, gaat verder met de revolutie waar het nihilisme is opgehouden en zal trachten de nihilistische beweging tot een logisch einde te brengen.

De hoop die besloten ligt in de uitspraak, 'het nihilisme voorbij', betreft de naïeve hoop dat het zowel een spirituele als historische referentie bevat, dat het nieuwe tijdperk gekenmerkt zal zijn door de overbrugging van het nihilisme en niet enkel door diens onbruikbaarheid. De god van het nihilisme, het niets, is een leegheid, een vacuüm dat wacht om gevuld te worden; zij die in dit vacuüm hebben geleefd en het niets hebben erkend als hun god kunnen niets anders dan op zoek gaan naar een nieuwe god in de hoop dat hij hen uit het tijdperk en onder het juk van het nihilisme vandaan zal geleiden. Het zijn deze mensen die, terwijl zij maar al te graag een positieve betekenis uit hun situatie willen halen en niet bereid zijn te geloven dat het nihilisme dat ons tijdperk heeft doorlopen volledig vruchteloos is gebleken, een rechtvaardiging hebben bedacht waarin het nihilisme, hoe kwaadaardig of onfortuinlijk het van zichzelf ook moge zijn, gezien wordt als het noodzakelijke middel tot het bereiken van een doel dat aan zichzelf voorbij gaat, als een vernietiging dat vooraf moet gaan aan een wederopbouw, als de duisternis die vooraf moet gaan aan de zonsopkomst. En als de huidige duisternis, de huidige onzekerheid en het huidige lijden onaangenaam zijn—zo gaat deze rechtvaardiging verder—dan zijn zij tegelijkertijd gunstig en zuiverend; volledig ontdaan van enige illusies, te midden van een 'duistere nacht' vol twijfel en wanhoop, kan men deze beproevingen enkel geduldig ondergaan en 'open' en 'ontvankelijk' blijven voor wat de omnipotentiële toekomst brengen zal. Het nihilisme, zo wordt aangenomen, is louter het apocalyptische voorteken van de komst van een nieuw en beter tijdperk.

Deze rechtvaardiging is vrijwel universeel en is toepasbaar op ontelbare hedendaagse standpunten. Goebbels' kijk op de uiteindelijk 'positieve' betekenis van het nationaalsocialisme, welke wij in de voorgaande sectie hebben aangehaald, is wellicht het extreemste voorbeeld van dergelijke adaptaties. Andere 'spirituelere' versies ervan zijn alledaags geweest sinds de grote crisis in het denken welke veroorzaakt werd door de Franse Revolutie. Dichters, zogenaamde 'profeten', occultisten en de prozaïschere mensen die door dergelijke visionairs werden beïnvloed vonden troost, terwijl zij het hoofd braken over de wanorde van hun tijd, in het idee dat zij een verhulde zegen waren. W. B. Yeats mag wederom geciteerd worden als kenmerkend voor deze houding.

> Beste roofvogels, bereid jullie voor op oorlog.... Heb oorlog lief vanwege zijn gruwel, heb het lief zodat overtuigingen veranderd kunnen worden, zodat de beschaving vernieuwd kan worden.... Overtuigingen worden gevestigd door te choqueren.... Overtuigingen worden herhaaldelijk vernieuwd door de beproevingen van de dood.[57]

Meer in het bijzonder, nagenoeg dezelfde houding ligt ten grondslag aan de hedendaagse hoop omtrent de Sovjet-Unie. Daar zij 'realistisch' zijn, aanvaard het merendeel van het volk de sociale, politieke en economische transformaties die door het marxisme worden teweeggebracht ondanks dat zij diens gewelddadige middelen en extremistische ideologie afkeuren; tegelijkertijd verwelkomen zij, in hun optimisme en open staan voor een betere

---

[57] *A Vision*, 1937, pp. 52-53.

gang van zaken, de 'dooi' die is ingetreden met de dood van Stalin, hopend om daarin de eerste tekenen te zien van een ver reikende transformatie van het marxistische ideaal. Van 'samenleving' kan men wellicht overgaan tot samenwerking en uiteindelijk tot harmonie.

Dergelijke ideeën zijn het resultaat van een fundamenteel misverstand over de aard van de moderne Revolutie; het nihilisme is louter één zijde van deze Revolutie. Geweld en ontkenning zijn voorbereidend werk; maar dit werk is louter onderdeel van een veel groter plan welks einde niet iets beters, maar verreweg iets vele malen erger dan het nihilistische tijdperk belooft te worden. In onze eigen tijd zien wij tekenen van het verstrijken van het tijdperk van geweld en ontkenning, deze zien wij geenszins omdat het nihilisme wordt 'overwonnen' of wij het zijn 'ontgroeid', maar omdat de taak van het nihilisme bijna is volbracht en diens nut ten einde komt. Wellicht begint de Revolutie met een overstap van zijn kwaadwillende fase naar een meer 'goedwillende' fase—niet omdat het haar wil of koers heeft veranderd, maar omdat het de verwezenlijking van haar ultieme doel nadert; voldaan van haar succes kan het nu rusten en beginnen te genieten van dit vooruitzicht.

De laatste hoop van de moderne mens is in feite niets meer dan louter nog een van zijn illusies; de hoop op een nieuw tijdperk dat 'het nihilisme voorbij' is gestreefd is van zichzelf een uiting van het laatste punt op het programma van de Revolutie. Het is geenszins louter het marxisme dat dit programma promoot. Heden ten dage is er geen grootmacht welks overheid niet 'revolutionair' is, geen mens in een positie van autoriteit of invloed wiens kritiek op het marxisme uitstijgt boven het voorstel voor betere middelen om een evenzo 'revolutionair' doel mee te bereiken; om in het hedendaagse 'intellectuele klimaat' afstand te doen van de ideologie van de Revolutie zal, overduidelijk, gelijk staan aan politieke machteloosheid. Er is geen duidelijker bewijs dan dat voor de antichristelijke geest van onze tijd—waarin het ultieme antichristelijke wezen, natuurlijk, het pseudochristendom is dat de Revolutie als haar doel heeft.

Het nihilisme, nu het het eind van diens eigen programma nadert, wijst zelf naar deze verder gelegen doelstelling; dit is de werkelijke betekenis van de nihilistische rechtvaardiging van Yeats en anderen. Maar, nogmaals, het is wellicht in Nietzsche, die merkwaardige 'profeet' die alles van het nihilisme af leek te weten behalve diens ultieme betekenis, waar deze betekenis op de opmerkelijkste wijze tot uiting komt.

Onder bepaalde omstandigheden zou de verschijning van de extreemste vorm van het pessimisme en het werkelijke *nihilisme* wellicht het teken kunnen zijn van een proces van slagvaardige en essentiële groei, en van de transitie van de mensheid naar geheel nieuwe leefomstandigheden. *Zo heb ik het begrepen.*[58]

Na het nihilisme voorbij te zijn gestreefd zal er sprake zijn van een 'transwaardering van alle waarden':

> Met deze formule komt een *contrabeweging* tot uiting met betrekking tot zowel een principe als een missie; een beweging welke in een vergelegen toekomst dit perfecte nihilisme zal overstijgen; maar welke het nihilisme desalniettemin als een *noodzakelijke stap* beschouwt, zowel logisch als psychologisch, in de richting van zijn eigen totstandkoming, en welke beslist niet tot stand kan komen behalve *bovenop* en *voortkomend uit* het nihilisme.[59]

Gek genoeg wordt ditzelfde idee tot uiting gebracht in de totaal verschillende context van Lenins gedachtegoed wanneer hij, na de verheerlijking van het nihilistische idee van de universele 'fabriek', schrijft:

> Maar deze 'fabrieks'-discipline, welke, na het verslaan van de kapitalisten en het omverwerpen van de uitbuiters, door het proletariaat over de gehele maatschappij zal worden uitgestreken, is geenszins ons ideaal of ons uiteindelijke doel. Het is louter het *bruggenhoofd* noodzakelijk voor de radicale zuivering van de maatschappij van al haar afzichtelijkheid en viezigheid na de kapitalistische uitbuiting, *om zo verdere vorderingen te kunnen maken.*[60]

Het zijn deze 'verdere' vorderingen, welke door zowel Nietzsche en Lenin beschreven worden als 'geheel nieuwe bestaansomstandigheden', die het ultieme doel vormen van de Revolutie. Dit doel, daar het in zekere zin 'het nihilisme voorbij' streeft, en daar het van zichzelf een diepgaand onderwerp is, vereist een apart hoofdstuk. Om dit hoofdstuk en onze bespreking van het nihilisme naar behoren af te ronden, zal het volstaan om louter een suggestie te doen naar diens aard en zo het algemene raamwerk op te zetten van onze expositie in het volgende hoofdstuk; dit doel kan

---

[58] *The Will to Power*, p. 92.
[59] Ibid., p. 2.
[60] *State and Revolution*, p. 84.

gezien worden als een drievoudige gevolgtrekking van het nihilistische gedachtegoed.

Allereerst, de gevolgtrekking van de nihilistische vernietiging van de Oude Orde is de verwekking van een 'nieuw tijdperk'—'nieuw' in absolute, niet in relatieve zin. Het tijdperk dat op het punt staat diens aanvang te nemen zal niet de laatste of zelfs de grootste zijn in een opeenvolging van tijdperken, maar zal een geheel nieuwe tijd inluiden; een tijd die in strijd zal zijn met alles dat tot dusverre heeft bestaan. 'Het zou zo kunnen zijn,' schreef Nietzsche in een brief in 1884, 'dat ik *de eerste* ben die licht zal schijnen op een idee welke de geschiedenis van de mensheid in tweeën zal splijten';[61] ten gevolge van dit idee zullen, 'allen die na ons geboren worden tot een hogere geschiedenis behoren dan tot op heden elke geschiedenis.'[62] Nietzsche wordt, uiteraard, verblindt door zijn eigen trots; hij heeft geen enkele originele 'ontdekking' gedaan, maar is louter in staat geweest de woorden te vinden voor wat al geruime tijd 'in de lucht hing'. Exact hetzelfde idee werd zelfs twaalf jaar eerder al door Dostojevski tot uiting gebracht in het personage van Kirillov, de extreemste der 'boze geesten':

> Alles zal nieuw zijn ... daarna zullen zij de geschiedenis in tweeën verdelen: van de gorilla tot de vernietiging van God, en van de vernietiging van God tot de transformatie van de aarde en de fysieke mens.[63]

Hier wordt reeds gesuggereerd naar de tweede gevolgtrekking van het nihilistische gedachtegoed. De nihilistische rebellie en het antitheïsme welke verantwoordelijk zijn geweest voor de 'dood van God' geven aanleiding tot het idee dat het 'nieuwe tijdperk' zal inluiden: de transformatie van de mens tot een god. 'Dood zijn alle goden,' zegt Nietzsches Zarathoestra: 'nu verlangen wij dat de supermens zal leven.'[64] De 'moord' op God is een daad te groots om de mens onveranderd te laten: 'Zullen wij zelf geen goden moeten worden, enkel om het ons waardig te tonen?'[65] Voor Kirilov is de Supermens de 'Mensgod', want, volgens zijn logica, 'als er geen God is, dan ben ik God.'[66]

---

[61] Geciteerd in Henri de Lubac, *The Drama of Atheist Humanism, p. 24.*
[62] *De vrolijke wetenschap,* #125.
[63] *Boze geesten,* Deel I, Hfst. 3.
[64] *Aldus sprak Zarathoestra.*
[65] *De vrolijke wetenschap,* #125.
[66] *Boze geesten,* Deel III, Hfst. 6.

Het is dit idee van de 'Supermens' dat ten grondslag ligt en inspiratie verleent aan de verwekking van de 'transformatie van de mens', net als in het realisme van Marx en het vitalisme van talrijke occultisten en artiesten. De verschillende concepties van de 'nieuwe mens' zijn, als het ware, opeenvolgingen van voorafgaande schetsen van de Supermens. Want net als dat het niets, de god van het nihilisme, louter een leegheid en een verwachting is die tot vervulling hoopt te komen in de openbaring van een 'nieuwe god', zo is ook de 'nieuwe mens', die door het nihilisme is gereduceerd, van zijn vorm is ontdaan en zonder persoonlijkheid, geloof of geaardheid is achtergelaten—deze 'nieuwe mens', of deze nu als 'positief' of 'negatief' wordt beschouwd, is 'mobiel' en 'flexibel' geworden, 'open' en 'ontvankelijk', hij is de passieve materie in afwachting van een nieuwe ontdekking, een openbaring of een bevel welke hem eindelijk zijn definitieve vorm zal geven.

Tot slot is de gevolgtrekking van de nihilistische vernietiging van autoriteit en orde de verwekking—waarnaar wordt verwezen in alle mythes van een 'nieuwe orde'—van een geheel nieuwe soort van orde, een orde waarvan de vurigste volgelingen niet aarzelen het 'anarchie' te noemen. De nihilistische staat, in de marxistische mythe, dient te 'verwelken' om zo een wereldorde na te laten welke uniek zal zijn binnen de menselijke geschiedenis en welke zonder overdrijven het 'millennium' genoemd kan worden.

Een 'nieuw tijdperk' onder het regeerschap van 'anarchie' en bevolkt door 'Supermensen'; dit is de revolutionaire droom die de mens ertoe heeft gezet het ongelooflijke toneelspel van de moderne geschiedenis op te voeren. Het is een 'apocalyptische' droom, en zij die daarin een vreemde inversie zien van de christelijke hoop op het Koninkrijk der Hemelen hebben het zeker niet bij het verkeerde eind. Maar dat is geen excuus voor de 'sympathie' die zo vaak wordt toegekend aan op zijn minst de 'oprechtere' en 'nobelere' revolutionairen en nihilisten; dit is een van de valkuilen waartegen wij het noodzakelijk achtten te waarschuwen aan het begin van dit hoofdstuk. In een wereld die wankelt op de rand van chaos, waar alle waarheid en nobelheid verdwenen lijken te zijn, is de verleiding groots onder de welbedoelde naïevelingen om zich te richten tot de ongetwijfeld markante figuren waarmee het moderne intellectuele landschap is bevolkt, en om deze—uit onwetendheid van de ware maatstaven van waarheid en spiritualiteit—te verheffen tot spirituele 'reuzen' die iets hebben gezegd dat, ofschoon 'onorthodox', tenminste 'uitdagend' is. Maar de realiteiten van zowel deze wereld als de volgende zijn te strikt om dergelijke vaagheden en vrijheden toe te staan. De beste intenties dwalen maar al te vaak af, genialiteit en nobelheid worden maar al te vaak gecorrumpeerd; en de corruptie van de besten zorgt, niet voor het één na beste, maar voor het slechtste. Men moet enige genialiteit en ijver, en zelfs een zekere nobiliteit verlenen aan een Marx, een Proudhon, een Nietzsche; maar hun nobiliteit is dat van Lucifer, de eerste onder de engelen die, wensend dat hij meer was dan hij was, van die verheven positie de afgrond inviel. Hun visie, waarin sommigen een diepgaandere vorm van het christendom zullen zien, is de visie van de Heerschappij van de Antichrist, de satanische imitatie en inversie van het Koninkrijk Gods. Alle nihilisten, maar bij uitstek zij die de grootste genialiteit en de breedste visie genieten, zijn de profeten van Satan; weigerend hun talenten te gebruiken voor het nederig dienen van God, 'hebben zij met Zijn eigen geschenken oorlog gevoerd tegen God.'[67]

Het kan nauwelijks worden ontkend, en een nuchtere kijk op de transformaties die zowel de wereld als de mens in de laatste twee eeuwen hebben ondergaan kunnen dit feit enkel benadrukken, dat de oorlog van de vijanden van God succesvol is geweest; diens uiteindelijke zege lijkt zelfs nabij. Maar wat kan 'overwinning' betekenen in zulk een oorlog? Wat voor 'vrede' kan een mensheid ervaren wanneer het voor zo'n lange tijd de lessen van het geweld heeft geleerd? In het christelijke leven, zo weten wij, heerst er harmonie tussen de middelen en de doelen. Door middel van gebed en een vroom leven, en door middel van de Sacramenten van de kerk, ondergaat de christen een verandering, bij de Gratie Gods, door meer in het beeld en de gelijkenis van zijn Heer te treden en derhalve waardiger te worden om toe te treden tot het Koninkrijk dat Hij voor Zijn ware volgelingen heeft voorbereid. Zijn ware volgelingen worden gekend door de vruchten die zij afwerpen: geduld, nederigheid, zachtmoedigheid, gehoorzaamheid, vrede, blijdschap, liefde, zachtaardigheid, vergeving—vruchten welke tegelijkertijd de volledigheid van dat Koninkrijk voorbereiden en er deelachtig aan zijn. Het doel en de middelen zijn samen een; wat wordt begonnen in dit leven zal worden geperfectioneerd in het volgende.

Evenzo is er sprake van een 'harmonie' in de werken van Satan; de 'deugden' van zijn dienaren zijn consistent met de doelen die zij dienen. Haat, trots, rebellie, onenigheid, geweld en een gewetenloos machtsgebruik: deze zullen niet op magische wijze verdwijnen wanneer het Revolutionaire Koninkrijk eindelijk zal zijn gerealiseerd op aarde; in plaats daarvan zullen zij juist worden aangesterkt en geperfectioneerd. Als het Revolutionaire einddoel dat 'voorbij het nihilisme' is gelegen in precieze tegenstrijdige termen wordt omschreven, en als nihilisten dit daadwerkelijk zullen zien als een regeerschap op basis van 'liefde', 'vrede' en 'broederschap', dan is dat omdat

....

[67] De Maistre, *op. cit.*, p. 85, een uitspraak van Lodewijk IX de Heilige citerend.

Satan de aap van God is en zelfs in een staat van ontkenning de oorsprong van deze ontkenning moet bekennen, en—sterker nog—doordat de mens zo is veranderd door het uitoefenen van de nihilistische 'deugden', en door de nihilistische transformatie van de wereld te aanvaarden, zullen zij daadwerkelijk beginnen te leven in het Revolutionaire Koninkrijk en alles beginnen te zien vanuit de ogen van Satan, namelijk als het tegenovergestelde van wat het is in de ogen van God.

Wat er 'voorbij het nihilisme' gelegen is en wat de grootste droom is geweest van de grootste 'profeten', is geenszins het overwinnen van het nihilisme, maar het hoogtepunt ervan. Het 'nieuwe tijdperk', grotendeels het werk van het nihilisme, zal in zijn substantie niet verschillen van het nihilistische tijdperk zoals wij deze kennen. Om te geloven in het tegenovergestelde, om te zoeken naar verlossing in een of andere nieuwe 'ontwikkeling', of deze nu wordt teweeggebracht door de onvermijdelijke krachten van 'progressie' of 'evolutie' of een romantische 'dialectiek', of als deze kosteloos wordt verschaft uit de schatkist van de mysterieuze 'toekomst' waarvoor de moderne mens vervuld is met een bijgelovig ontzag—hierin geloven zal hen het slachtoffer maken van een monsterlijk delirium. Het nihilisme is, in zijn diepste kern, een spirituele wanorde en kan enkel met spirituele middelen worden overwonnen; maar in de hedendaagse wereld is er geen enkele poging gedaan om dergelijke middelen toe te passen.

De nihilistische ziekte wordt blijkbaar de vrije baan gegeven om zich op eigen kracht te 'ontwikkelen' tot haar bittere einde; het doel van de Revolutie, dat oorspronkelijk de hallucinatie was van louter een paar zieke geesten, is inmiddels het doel van de mensheid zelf geworden. De mens is vermoeid geraakt; het Koninkrijk Gods ligt te ver weg, de orthodox christelijke weg is te smal en te uitputtend. De revolutie heeft de 'tijdgeest' in beslag genomen, en deze krachtige stroming tegenwerken is meer dan waar de moderne mens toe in staat is, daar dit precies de twee dingen vereist die door het nihilisme het meest zijn vernietigd: Waarheid en geloof.

Door onze behandeling van het nihilisme met zo'n valse noot ten einde te brengen zullen wij, ongetwijfeld, het verwijt riskeren dat wij zelf ook aan een zeker nihilisme deelachtig zijn; onze analyse, zo zou gezegd kunnen worden, is 'pessimistisch' tot in het extreme. Daar wij nadrukkelijk gekant zijn tegen vrijwel alles dat door de moderne wens als waardevol en waar wordt geacht, lijken wij ons net zo sterk in een staat van ontkenning te bevinden als de extreemste nihilisten.

En het is inderdaad waar dat de christen, in zekere zin—in de ultieme zin—een 'nihilist' is; want voor hem betekent de wereld uiteindelijk niets en betekent God alles. Maar dit is, natuurlijk, exact het tegenovergestelde van het nihilisme dat wij op deze pagina's hebben behandeld, het nihilisme waarin God niets betekent en de wereld alles; dat is een nihilisme dat voortkomt uit de afgrond, terwijl dat van de christen een nihilisme is dat voortkomt uit overvloedigheid. De ware nihilist plaatst zijn geloof in dingen die vergaan en in het niets zullen eindigen; al het 'optimisme' dat gestoeld is op zulk een fundament is overduidelijk vruchteloos. De christen, die zulk een ijdelheid afzweert, plaatst zijn geloof daarentegen in het enige dat nooit zal vergaan, het Koninkrijk Gods.

Aan hem die in Christus leeft kunnen veel van de bezittingen van deze wereld natuurlijk worden teruggegeven, en hij kan van deze bezittingen genieten ook als hij zich bewust is van hun vluchtigheid; maar zij zijn niet noodzakelijk, zij betekenen werkelijk niets voor hem. Hij die niet in Christus leeft, daarentegen, leeft reeds in de afgrond en zelfs alle wereldse schatten zullen zijn leegheid nooit kunnen opvullen.

Echter is het louter een literair apparaat om het niets en de armoede van de christen 'nihilisme' te noemen; zij zijn eerder volledigheid, overvloed en onvoorstelbare blijdschap. En enkel iemand die gevuld is met zulk een overvloed kan de afgrond waar het nihilisme de mens naartoe heeft geleid recht in de ogen kijken. De extreemste ontkenner, de meest gedesillusioneerde mens, kan enkel bestaan als hij op zijn minst één illusie vrijwaard van zijn vernietigende analyse. Dit feit is inderdaad de psychologische wortel van dat 'nieuwe tijdperk' waarop de uitvoerigste nihilist alle hoop moet vestigen; hij die niet in Christus kan geloven moet, en zal, in de Antichrist geloven.

Maar als het nihilisme zijn historische einde zal vinden in het Regeerschap van de Antichrist, zal het zijn ultieme en spirituele einde zelfs voorbij die laatste satanische manifestatie vinden; en in dit einde, de Hel, zal het nihilisme definitief worden verslagen. De nihilist wordt verslagen, niet enkel omdat zijn droom van het paradijs zal eindigen in eindeloze tegenspoed; want de uitvoerige nihilist—in tegenstelling tot zijn tegenpool, de anarchist—is te gedesillusioneerd om echt in dat paradijs te geloven en te vervuld van woede en rebellie om ook maar iets anders te doen dan het zelf weer te vernietigen, mocht het ooit tot stand komen. In plaats daarvan wordt de nihilist verslagen omdat ook in de Hel zijn grootste wens, *de vernietiging van God, van de schepping en van hemzelf*, betekenisloos zal blijken. De ultieme weerlegging van het nihilisme werd door Dostojevski uitstekend verwoord in de woorden van de stervende Vader Zossima.

Er zijn er die zelfs in de Hel trots en fel blijven, ondanks hun zekere kennis en overpeinzing van de absolute waarheid; ook zijn er de angstige personen die zich in zijn geheel hebben overgegeven aan Satan en zijn trotse geest. Voor hen is de Hel vrijwillig en alles verslindend; zij worden gemarteld door hun eigen keuze. Daar zij door God en het leven te vervloeken, ook zichzelf hebben vervloekt.... Zij zijn niet in staat de levende God zonder haat in beschouwing te nemen, en zij brullen dat de God van het leven vernietigd dient te worden, dat God Zichzelf en Zijn eigen schepping zou moeten vernietigen. En zij zullen voor altijd branden in het vuur van hun eigen razernij en hunkeren naar de dood en de vernietiging. Maar de dood zullen zij nooit vinden.[68]

Het is de grootse en onoverwinnelijke waarheid van het christendom dat er *geen vernietiging mogelijk is;* al het nihilisme is tevergeefs. Er kan tegen God gevochten worden; dat is een van de betekenissen van het moderne tijdperk; maar hij kan niet worden omvergeworpen, en er kan niet aan Hem worden ontkomen: zijn Koninkrijk zal eeuwig voortduren, en allen die de oproep tot Zijn Koninkrijk negeren zullen voor eeuwig moeten branden in de vlammen van de Hel.

Het is, natuurlijk, een van de primaire intenties geweest van het nihilisme om de Hel en de angst voor de Hel uit de geest van de mens te verdrijven, en geen mens kan aan het succes hiervan twijfelen; heden ten dage is de Hel voor de meeste mensen een stommiteit en een bijgeloof geworden, zo niet een 'sadistische' fantasie. Zelfs zij die vooralsnog in de liberale 'hemel' geloven hebben in hun universum geen plek voor wat voor soort Hel dan ook.

Toch beschikt de moderne mens gek genoeg over een begrip van de Hel dat hij niet heeft van de Hemel; in de hedendaagse kunst en gedachtegoed nemen het woord en het concept een prominente plaats in. Geen gevoelige waarnemer is zich er onbewust van dat de mens, in het nihilistische tijdperk meer dan ooit tevoren, de aarde heeft omgevormd tot een beeltenis van de Hel; en zij die zich er bewust van zijn in de afgrond te verblijven, aarzelen niet om hun leven een Hel te noemen. De martelingen en moeilijkheden van dit leven zijn inderdaad een voorproefje op de Hel, net als dat de blijdschap van het christelijke leven—een blijdschap die de nihilist zich niet eens kan voorstellen, daar het zo ver van zijn ervaring verwijderd ligt—een voorproefje is op de Hemel.

---

[68] *De gebroeders Karamazov*, Boek VI, Hfst. 3.

Maar als de nihilist zich ook maar vaag bewust is, zelfs hier, van de betekenis van de Hel, heeft hij alsnog geen enkele weet van zijn volledige omvang, wat onmogelijk in dit leven kan worden ervaren; zelfs de extreemste nihilist, terwijl hij de demonen dient en oproept, heeft niet het noodzakelijke spirituele inzicht gehad om hen te zien voor wat zij werkelijk zijn. De satanische geest, de geest van de Hel, is in deze wereld altijd in vermommingen gehuld; zijn vallen zijn uitgezet langs een breed pad dat er voor velen wellicht aangenaam of op zijn minst spannend uitziet; en Satan biedt hen die dit pad bewandelen de troostende gedachte van, en hoop op, een ultieme uitroeiing. Als, ondanks de troostende woorden van Satan, geen van zijn volgers werkelijk 'gelukkig' is in het leven, en als er in de laatste dagen (waarvan de calamiteiten van onze eeuw louter een korte voorvertoning zijn) 'enorme verschrikkingen, zoals er sinds het ontstaan van de wereld tot nu nooit geweest zijn' zullen zijn—dan zullen de dienaren van Satan zich alsnog pas in het volgende leven bewust worden van de volledige bitterheid van hopeloze tegenspoed.

De christen gelooft in de Hel en vreest zijn vuur—niet aards vuur, zoals de gewiekste ongelovige het graag zou willen zien, maar een oneindig pijnlijker vuur daar, net als het lichaam waarmee de mens op de Laatste Dag herboren zal worden, het spiritueel van aard en oneindig zal zijn. De wereld verwijt het de christen dat hij in zulk een onaangename realiteit gelooft; maar het is noch perversiteit noch 'sadisme' dat hem hiertoe zet, in plaats daarvan is het geloof en ervaring. Wellicht kan enkel hij die hartgrondig in de Hemel en het leven in God gelooft, ook hartgrondig in de Hel geloven; daar louter hij die enig idee heeft van dat leven ook een idee kan hebben van wat diens afwezigheid zou betekenen.

Voor de meeste mensen is het 'leven' heden ten dage een louter kleinigheid, een vervliegend iets van zwakke bevestigingen en zwakke ontkenningen, verhuld achter aangename illusies en het hoopvolle vooruitzicht op een ultiem niets; dergelijke mensen zullen niets van de Hel afweten tot zij er daadwerkelijk in zullen leven. Maar vanuit Zijn Aanwezigheid, dat exclusief verantwoordelijk is voor het menselijk leven, houdt God zelfs van zulke mensen te veel om hen Hem simpelweg te laten 'vergeten' en in het niets te doen 'verzinken'; Hij voorziet zelfs zij die in de Hel verblijven van Zijn Liefde, wat een kwelling is voor hen die zich in dit leven er niet op hebben voorbereid het te ontvangen. Velen, zo weten wij, worden getest en gezuiverd in die vlammen en erdoor in staat gesteld om in het Koninkrijk der Hemelen te verblijven; maar anderen, samen met de demonen voor wie de Hel was gemaakt, zullen daar voor eeuwig moeten verblijven.

Zelfs heden ten dage, wanneer de mens te zwak lijkt te zijn geworden om de waarheid onder ogen te zien, is het niet nodig de realiteiten van het volgende leven te verzachten; tot hen—zij het de nihilisten of de meer gematigde humanisten—die de Wil van de Levende God denken te kunnen doorgronden en Hem denken te kunnen veroordelen voor Zijn 'wreedheid', kan men antwoorden met een niet mis te verstaande bewering over iets waarin de meesten van hen beweren te geloven: de waardigheid van de mens. God heeft ons geroepen, niet tot de moderne 'hemel' van rusten en slapen, maar tot de volledige en vergoddelijkte glorie van de zonen Gods; en als wij, wie door onze God waardig worden geacht het te ontvangen, deze oproep zullen negeren,—dan kunnen wij maar beter de Helse vlammen ontvangen, de kwelling van dat laatste en vreselijke bewijs voor de hoogste roeping van de mens en van Gods onlesbare Liefde voor de gehele mensheid, dan het niets waar de mens van weinig geloof, en het nihilisme van onze tijd, naar streven. Niets minder dan de Hel is de mens waardig, zij hij de Hemel niet waardig.

Eugene Roses beoogde hoofdlijn voor
Het koninkrijk der mensen en het Koninkrijk Gods

Introductie: De hedendaagse situatie van de wereld en de kerk

Deel I: *De twee koninkrijken, hun bron en hun macht*
Hoofdstuk een: De twee liefdes en de twee geloven: de wereld en God.
Hoofdstuk twee: De macht van de wereld en de macht van Christus.

Deel II: *Het koninkrijk der mensen in het moderne tijdperk*
Hoofdstuk drie: Een orthodox christelijke interpretatie van het moderne tijdperk.
Hoofdstuk vier: De wereldse idolen van het moderne tijdperk.
I. Cultuur/Beschaving, beoordeeld op basis van de orthodox christelijke spiritualiteit.
II. Wetenschap/Rationalisme, beoordeeld op basis van Goddelijke Wijsheid.
III. Geschiedenis/Progressie, beoordeeld op basis van de orthodox christelijke theologie van de geschiedenis.

Deel III: *De Oude Orde en de 'Nieuwe Orde'*
Hoofdstuk vijf: De Oude Orde: Het orthodox christelijke rijk.
Hoofdstuk zes: De komst van de 'Nieuwe Orde': de revolutie van het moderne tijdperk.
Hoofdstuk zeven: De wortel van de revolutie: nihilisme.
Hoofdstuk acht: Het doel van de revolutie: het anarchistische millennium.

Deel IV: *Orthodox christelijke spiritualiteit en de 'Nieuwe Spiritualiteit'*
(Ongeveer vier hoofdstukken.)

Deel V: *Het einde van de twee koninkrijken*

Hoofdstuk dertien: Het 'Nieuwe Christendom' en het Regeerschap van de Antichrist.

Hoofdstuk veertien: Het Koninkrijk der Hemelen.

APPENDIX:
De filosofie van het absurde

OPMERKING VAN DE REDACTEUR: Terwijl hij werkte aan Het koninkrijk der mensen en het Koninkrijk Gods, *schreef Eugene Rose het volgende als een apart essay. Wij presenteren dit essay hier niet louter omdat het ongeveer rond dezelfde tijd werd geschreven als zijn hoofdstuk over het nihilisme, maar mede omdat het thema van dit essay nauw aansluit op dat van de rest van dit boek. Het biedt diepgaande inzichten op de absurdistische filosofie die heden ten dage nog vele geesten in haar macht houdt—geesten die reeds zijn gevormd door de nihilistische onderstroom van onze tijd.*

Het huidige tijdperk is, in diepgaande zin, een tijdperk van absurditeit. Dichters en toneelschrijvers, schilders en beeldhouwers verkondigen en presenteren de wereld als zijnde een onsamenhangende chaos, en de mens als een ontmenselijkt fragment van deze chaos. De politiek, bekeken vanuit zowel het linker, rechter als het centrale perspectief, kan niet langer gezien worden als iets behalve een hulpmiddel door middel van welke de universele wanorde tijdelijk een schijn van orde krijgt toegekend; pacifisten en militante kruisvaarders worden verenigd in het absurde geloof in de zwakke krachten van de mens om een onverdraaglijke situatie te genezen met middelen die het enkel kunnen verergeren. Wijsgeren en andere zogenaamd verantwoordelijke mensen in academische, ecclesiastische en overheidskringen, wanneer zij zich niet terugtrekken achter de onpersoonlijke en onverantwoordelijke façade van specialisaties en bureaucratie, doen veelal niets meer dan het rationaliseren van de onsamenhangende staat van de hedendaagse mens in zijn wereld, en het aanraden van een betekenisloze 'toewijding' aan een in diskrediet gebracht humanistisch optimisme, aan een hopeloos stoïcisme, aan blinde proefneming en irrationalisme, of aan de 'toewijding' zelf, een suïcidaal geloof in 'geloof'.

Maar kunst, politiek en wijsbegeerte zijn heden ten dage louter weerspiegelingen van het leven, en als zij absurd zijn geworden, dan is dat omdat, in grote mate, het leven dat ook is geworden. Het opmerkelijkste voorbeeld van een recente absurditeit in ons leven was natuurlijk Hitlers 'nieuwe orde', waarin een zogenaamd normaal, beschaafd mens tegelijkertijd zowel een volleerd en inspirerend vertolker van Bach kon zijn (zoals Himmler dat was) als een bekwame massamoordenaar, of iemand die een bezichtiging van een concentratiekamp zo organiseert dat het samenvalt met een serie concerten of kunsttentoonstellingen. Hitler zelf was natuurlijk de absurde man *par excellence*, zich begevend vanuit het niets naar een positie van wereldse macht en weer terug naar het niets in een tijdsbestek van slechts een jaar of tien, waarna hij niets behalve een verbrijzelde wereld achterliet als zijn monument, en zijn betekenisloze succes te danken had aan het feit dat hij, de leegste der mensen, de leegheid van zijn tijdgenoten personifieerde.

Hitlers surrealistische wereld is nu iets van het verleden; maar de wereld is geenszins het tijdperk van absurditeit gepasseerd, het heeft eerder een geavanceerder—al zij het een tijdelijk iets rustiger—stadium van dezelfde ziekte betreden. De mens heeft een wapen uitgevonden waarmee, beter dan Hitlers vernietigende evangelie, hij zijn eigen onsamenhangendheid en nihilisme kan uitten; en in de schaduw van dit wapen staat de mens aan de grond genageld tussen de twee ongeëvenaarde extremen van een externe macht en een interne machteloosheid. Tegelijkertijd zijn de armen en 'kansarmen' van de wereld ontwaakt voor het bewuste leven en eisen ook zij te kunnen leven in overvloed en voorrecht; terwijl zij die dit reeds bezitten hun leven verspillen aan het najagen van ijdelheden, gedesillusioneerd raken en sterven van verveling en wanhoop, of zinloze misdaden plegen. De hele wereld, zo lijkt het bijna, is verdeeld tussen zij die, zonder zich ervan bewust te zijn, betekenisloze en vruchteloze levens leiden, en zij die, zich hier wel van bewust zijnd, gedreven worden tot krankzinnigheid en zelfmoord.

Het is niet nodig om de voorbeelden van een fenomeen waar iedereen zich bewust van is te vermeerderen. Het volstaat te zeggen dat deze voorbeelden kenmerkend zijn, en zelfs de extreemste voorbeelden zijn louter geavanceerde vormen van de wanorde waar ieder van ons heden ten dage door omringd wordt en welke, mits wij niet weten hoe wij ons ertegen moeten verzetten, zijn intrek neemt in onze harten. Ons tijdperk is er een van absurditeit, een tijdperk waarin het volkomen onverenigbare toch zij aan zij bestaat, zelfs in dezelfde ziel; waarin niets een nut lijkt te hebben; waarin dingen uiteenvallen daar zij geen kern bezitten die hen bijeenhoudt. Het is natuurlijk waar dat de zaken van het dagelijks leven op gebruikelijke wijze lijken te verlopen—al zij het op een verdacht koortsachtig tempo—het lukt men om 'met elkaar overweg' te kunnen en van dag tot dag te overleven. Maar dat is louter omdat zij niet denken, laat staan dit überhaupt willen; en dat kan hen nauwelijks kwalijk genomen worden, daar de hedendaagse realiteiten onaangenaam zijn. Toch is het enkel de persoon die wel denkt en zich wel afvraagt wat er, achterliggend aan de afleidingen van het dagelijks leven, werkelijk in de wereld plaatsvindt—het is enkel voor zulk een persoon weggelegd om zich ook maar enigszins 'thuis' te voelen in de vreemde wereld waar wij heden ten dage in leven, of het gevoel kan hebben dat dit tijdperk toch wel 'normaal' is.

Het is *geen* normaal tijdperk waarin wij leven; wat hun overdrijvingen en misvattingen ook mogen zijn, hoe incorrect hun verklaringen ook mogen zijn, hoe bedrieglijk hun wereldbeeld ook is, de 'vooruitstrevende' dichters, artiesten en denkers van dit tijdperk hebben het op zijn minst in één opzicht bij het rechte eind: er is iets beangstigends mis met de hedendaagse wereld. Dit is de eerste les die wij kunnen leren van het absurdisme.

Want het absurdisme is een diepliggend symptoom van de spirituele staat van de hedendaagse mens, en wanneer wij weten hoe wij deze correct moeten beschouwen, kunnen wij veel van deze staat leren. Maar dit brengt ons tot de belangrijkste van de aanvankelijke moeilijkheden waar wij ons van zullen moeten ontdoen voordat wij het absurde kunnen bespreken. Kan het überhaupt begrepen worden? Het absurde is, van nature, een onderwerp dat zich leent voor een zorgeloze en bedrieglijke behandeling; en zulk een behandeling heeft het inderdaad ontvangen, niet enkel van de artiesten die zich er door laten meeslepen, maar ook van de zogenaamde serieuze denkers en critici die het trachten te verklaren of rechtvaardigen. In de meeste werken over het hedendaagse 'existentialisme', en in de rechtvaardigingen voor de moderne kunst en dramatiek, lijkt het wel alsof de intelligentie volledig is opgegeven en dat kritische maatstaven zijn vervangen door een vage 'sympathie' of 'betrokkenheid' en extralogische, zo niet onlogische, argumenten die de 'tijdgeest', een vage 'creatieve' impuls of een onbepaald 'bewustzijn' aanhalen; maar dit zijn geen argumenten, dit zijn hooguit rationalisaties en betreft in het slechtste geval louter jargon. Wanneer wij dit pad zouden bewandelen zouden wij wellicht een hogere 'waardering' ontwikkelen voor de absurdistische kunst, maar dat nauwelijks met een dieper begrip ervan. Het absurdisme kan inderdaad niet in zijn eigen termen worden begrepen; want begrip betekent samenhangendheid, en laat dat nu net de tegenpool zijn van absurditeit. Als wij het absurde ook maar enigszins zouden willen begrijpen, dan zal zich dat moeten voltrekken vanuit een standpunt dat losstaat van de absurditeit zelf, een standpunt waarin een woord als 'begrip' ook daadwerkelijk een betekenis heeft; alleen zo zullen wij ons een weg kunnen banen door de intellectuele nevel waarin het absurdisme zich verborgen houdt, en vanwaar het door middel van zijn eigen strijd tegen de rede en de samenhangendheid een samenhangende en rationele strijd van buitenaf ontmoedigd. Kortom, wij zullen een standpunt moeten innemen binnen een geloofssysteem dat in strijd is met dat van het absurdisme, en het van daaruit bestrijden in naam van een waarheid welks bestaan het ontkent. Uiteindelijk zullen wij zien dat het absurdisme, tegen zijn wil in, getuigt van zowel dit geloof als deze waarheid welke—laat ons dit van meet af aan benadrukken—christelijk van aard zijn.

De filosofie van het absurde is van zichzelf inderdaad verre van origineel; het is niets behalve ontkenning en zijn karakter wordt, absoluut en volledig, bepaald door hetgeen het tracht te ontkennen. Het absurde zou niet eens kunnen worden beschouwd behalve in verband met iets dat *niet* als absurd wordt beschouwd; het feit dat de wereld geen hout snijdt zou louter in die persoon kunnen opkomen die ooit heeft geloofd, en daar een goede reden toe heeft, dat het wel hout snijdt. Het absurdisme kan niet worden begrepen in afwezigheid van zijn christelijke oorsprong.

Het christendom is buitengewoon samenhangend daar de christelijke God alles in het universum tot stand heeft laten komen, zowel met betrekking tot al het andere als tot Hemzelf, Hij Die zowel het begin als het eind is van de gehele schepping; en de christen wiens geloof oprecht is vindt deze goddelijke samenhangendheid in elk aspect van zijn leven en gedachtegoed. Voor de absurdist valt alles uiteen, inclusief zijn eigen filosofie, wat niets meer kan zijn dan een kortdurend fenomeen; voor de christen, daarentegen, wordt alles bijeengehouden en is alles samenhangend, inclusief de dingen die van zichzelf onsamenhangend zijn. De onsamenhangendheid van het absurde maakt, uiteindelijk, namelijk deel uit van een grotere samenhangendheid; was dit niet het geval, dan was er ook weinig reden om het überhaupt te behandelen.

De tweede van de aanvankelijke moeilijkheden in de benadering van het absurde betreft de precieze aanpak van deze benadering. Het zal niet volstaan—mits wij het wensen te begrijpen—om het absurdisme van de hand te wijzen als een louter misvatting en tegenstrijdigheid; dit is het zeker, laat dat duidelijk zijn, maar het is nog veel meer dan dat. Geen competente denker zal zich kunnen laten verleiden een absurdistische aanspraak op de waarheid serieus te nemen; ongeacht vanuit welk perspectief het wordt benaderd, de absurdistische filosofie is niets behalve een tegenstrijdigheid. Om een ultieme betekenisloosheid te kunnen verkondigen, moet men immers geloven dat deze verkondiging enige betekenis heeft, en zo wordt de oorspronkelijke bewering, door dit te bevestigen, direct weer ontkend; om te kunnen stellen dat er 'geen waarheid' bestaat, moet men geloven in de waarheid van deze stelling en zo derhalve onmiddellijk hetgeen bevestigen dat het tracht te ontkennen. De absurdistische filosofie, zo is inmiddels duidelijk, kan als filosofie niet serieus worden genomen; al zijn objectieve verklaringen vereisen een creatieve, en vaak subjectieve, herinterpretatie. Het absurdisme, zo zullen wij zien, is helemaal geen product van het intellect, maar van de wil.

De filosofie van het absurde, ofschoon impliciet in een grote hoeveelheid hedendaagse kunstwerken, is gelukkig vrij expliciet—mits wij weten hoe het te interpreteren—in de geschriften van Nietzsche; want zijn nihilisme is exact de wortel waaruit de boom der absurditeit is ontsproeit. In Nietzsche komt de filosofie van het absurde naar voren; in zijn oudere tijdgenoot Dostojevski zien wij omschreven de sinistere implicaties welke Nietzsche, blind voor de Christelijke Waarheid die als enige remedie kan dienen voor de absurde kijk op het leven, niet inzag. In deze twee schrijvers, levend op de grens tussen twee werelden, in een tijd waarin de samenhangende wereld, gestoeld op de Christelijke Waarheid, werd vernietigd en de absurde wereld, gestoeld op haar ontkenning, tot stand kwam, vinden wij al hetgeen van belang is te weten over het absurde.

De absurdistische openbaring, na een lange periode van ondergrondse ontkiemingen, sprong tevoorschijn in de twee opmerkelijke uitspraken van Nietzsche die zo vaak worden geciteerd: 'God is dood' betekent simpelweg dat het geloof in God dood is in de harten van de mens; en 'er is geen waarheid' betekent dat de mens de door God geopenbaarde waarheid, waar alle Europese instituties en al het Europese gedachtegoed ooit op waren gegrondvest, de rug heeft toegekeerd. Zij hebben het de rug toegekeerd omdat zij het niet langer geloofwaardig vinden. Beide uitspraken komen inderdaad overeen met waar, sinds de tijd van Nietzsche, zij die ooit christelijk waren nu hun geloof op hebben gevestigd. Het komt overeen met de atheïsten en satanisten die beweren tevreden te zijn met, of extatisch te zijn over, hun gebrek aan geloof en hun ontkenning van waarheid; het komt tevens overeen met de minder pretentieuze menigten in wie het gevoel van de spirituele realiteit simpelweg is verdwenen, of deze gebeurtenis nu wordt geuit in een onverschilligheid voor de spirituele realiteit, zoals deze heden ten dage tot uiting komt in de alomtegenwoordige spirituele verwarring en onrust, of in een van de vele vormen van pseudoreligies die niets behalve maskers zijn voor onverschilligheid en verwarring. En zelfs over de almaar afnemende minderheid die nog steeds geloof hebben, zowel vanbinnen als vanbuiten, en voor wie de andere wereld reëler is dan deze—zelfs over hen heeft de schaduw van de 'dood van God' zich uitgeworpen en de wereld omgevormd tot een andere, vreemde plek.

Nietzsche, in *Wille zur Macht*, spreekt zich op zeer beknopte wijze uit over de betekenis van het nihilisme:

> Wat betekent nihilisme?—Dat de hoogste waarden aan waarde inboeten. Er is niet langer een doel. Er is niet langer een antwoord op de vraag: 'Waarom?'

Alles, kortom, is betrekkelijk geworden. De wonderlijke zekerheid die wij waarnemen in de Kerkvaders, en in alle ware gelovigen, waardoor alles, zowel in gedachte als in het leven, wordt herleid naar God, waardoor alles diens begin en einde vindt in Hem, en waardoor alles gezien wordt als Zijn wil—deze zekerheid en dit geloof door welke zowel de mens als de maatschappij ooit bijeen werden gehouden, zijn nu niet langer, en de vragen voor welke men ooit het antwoord in God wist te vinden hebben nu—voor de meeste mensen—niet langer een antwoord.

Er zijn natuurlijk ook andere vormen van samenhangendheid geweest naast het christendom, en andere vormen van onsamenhangendheid naast het moderne nihilisme en de moderne absurditeit. Ook in deze vormen kan het menselijk leven al dan geen hout snijden, maar enkel in beperkte maten. Zij die, bijvoorbeeld, geloven in de traditionele hindoeïstische of Chinese kijk op het leven, beschikken over een zekere mate van waarheid en over de vrede die komt met het bezitten van waarheid—maar niet de absolute waarheid noch de 'vrede die alle begrip overstijgt' welke enkel kan voortkomen uit de absolute waarheid; en zij die wegvallen van deze relatieve waarheid en vrede hebben iets wezenlijks verloren, maar niet alles, zoals het geval is met de afvallige christen. Nimmer heeft er zulk een mate van wanorde geregeerd als heden ten dage in het hart van de mens en van de wereld; maar dit komt louter doordat de mens is weggevallen van een waarheid en een samenhangendheid welke enkel in Christus in hun volledigheid zijn geopenbaard. Enkel de christelijke God is tegelijkertijd zowel almachtig als liefhebbend; enkel de christelijke God heeft, door middel van Zijn liefde, onsterfelijkheid beloofd aan de mens en heeft, door middel van Zijn mogelijkheid deze belofte te vervullen, een Koninkrijk voorbereid waarin de mens als goden in God zullen leven nadat zij zijn verrezen uit de dood. Deze God en Zijn belofte zijn voor het alledaagse menselijke begrip zo waanzinnig dat, zodra het geloof er eenmaal op is gevestigd, zij die het afwijzen nooit kunnen geloven dat iets anders ook maar van enige grote waarde is. Een wereld waaruit zulk een God is verwijderd, en een mens waarin zulk een hoop is uitgedoofd—zijn, inderdaad, in de ogen van zij die zulk een desillusie hebben ondergaan, 'absurd'.

'God is dood', 'er is geen waarheid'; deze twee uitspraken hebben exact dezelfde betekenis; zij zijn als een openbaring van de absolute absurditeit van een wereld die niet langer om God draait, maar—om niets. Maar juist hier, in de kern van het absurdisme, komt diens afhankelijkheid van het christendom dat het ontkent het duidelijkst naar voren. Voor de niet-christenen en antichristenen is het *creatio ex nihilo* een van de ingewikkeldste christelijke doctrines om te begrijpen en te aanvaarden: Gods schepping van de aarde niet uit Zichzelf, niet uit een of andere reeds bestaande materie of oerchaos, maar uit *het niets*. Toch, zonder het te begrijpen, getuigt de absurdist van de realiteit van deze doctrine door het om te keren en te parodiëren, door te pogen een nihilisatie van de schepping en een terugkeer van de aarde naar hetzelfde niets waaruit het ooit door God werd geroepen te bewerkstelligen. In de absurdistische betuiging van een leegte te midden van het bestaan, alsmede in de implicatie die in alle absurdisten in meer of mindere mate aanwezig is, zou dit geïnterpreteerd kunnen worden als bevestiging van het idee dat de mens en zijn wereld überhaupt maar beter niet konden bestaan. Maar deze poging tot nihilisatie, deze betuiging van de afgrond, welke de kern vormt van het absurdisme, neemt haar meest concrete vorm aan in de atmosfeer door welke de absurdistische kunstwerken zijn doordrongen. In de kunstwerken van zij die alledaagse atheïsten genoemd zouden kunnen worden—personen als Hemingway, Camus en het brede scala aan artiesten wiens inzicht niet verder reikt dan de nutteloosheid van de menselijke situatie zoals het heden ten dage door de mens wordt voorgesteld, en wiens aspiratie niet verder kijkt dan een soort stoïcisme, het onder ogen zien van het onvermijdelijke—in de kunstwerken van dergelijke personen wordt de atmosfeer van de leegte overgedragen door verveling, door een wanhoop die nog net te verdragen is, en in het algemeen door het gevoel dat er 'nooit iets gebeurt'. Maar er is tweede, en meer onthullende vorm van de absurdistische kunst welke de geestestoestand van nutteloosheid verenigd met een element van het onbekende, een akelige verwachting, het gevoel dat in de absurdistische wereld waar, algemeen gezien, 'nooit iets gebeurt', het ook waar is dat 'alles mogelijk' is. In deze kunst wordt de realiteit een nachtmerrie en wordt de wereld een buitenaardse planeet waarop de mens niet zozeer in hopeloosheid ronddwaalt, maar in perplexiteit, onzeker over waar hij zich bevindt, over wat hij mogelijk tegen het lijf zal lopen en over wat zijn identiteit is—onzeker over alles behalve de afwezigheid van God. Dit is de vreemde wereld van Kafka, van de toneelstukken van Ionesco en—in mindere opvallende mate—van Beckett, van een aantal avant-gardefilms als *Last Year at Marienbad*, van elektronische en andere 'experimentele' muziek, van het surrealisme in alle kunstvormen en van de recentste schilderingen en sculpturen—en dan met name die met een zogenaamd 'religieuze' inhoud—waarin de mens wordt afgebeeld als een submenselijk of demonisch wezen dat verrijst uit onbekende diepten. Het was tevens de wereld van Hitler, wiens regeerschap de meest perfecte politieke incarnatie was van de filosofie van het absurde die wij tot nu toe hebben aanschouwd.

In deze vreemde atmosfeer wordt de 'dood van God' tastbaar. Het is betekenisvol dat Nietzsche, in dezelfde passage (in *De vrolijke wetenschap*) waarin hij voor het eerst de 'dood van God' verkondigt—een bericht dat hij uit de mond van een krankzinnige laat komen—ook de atmosfeer van de absurdistische kunst omschrijft.

> Jij en ik, wij hebben hem gedood (God)! Wij zijn allen zijn moordenaars! Maar hoe is dit ons gelukt? Hoe hebben wij de zee kunnen leegdrinken? Wie heeft ons de wisser overhandigd waarmee wij de gehele horizon hebben uitgewist? Wat hebben wij teweeggebracht toen wij deze aarde losmaakte van diens zon? Waar beweegt het zich nu heen? Waar bewegen wij ons heen? Weg van alle zonnen? Stormen wij niet onophoudelijk verder? Achterwaarts, zijwaarts, voorwaarts, alle kanten op? Is er nog wel een boven en onder? Dwalen wij niet, als door een oneindig niets? Ademt de lege ruimte dan niet in ons gezicht? Is het niet kouder geworden? Komt de nacht niet steeds dichterbij, duisterder en duisterder?

Dat is het landschap van het absurde, een landschap waarin er geen sprake is van omhoog of omlaag, goed of slecht, waar of niet waar, daar er niet langer sprake is van een algemeen aanvaard oriëntatiepunt.

Een onmiddellijkere persoonlijke expressie van de absurdistische openbaring is vervat in de wanhopige kreet van Ivan Karamazov: 'Als er geen onsterfelijkheid is, dan is alles toegestaan.' Sommigen zouden dit kunnen opvatten als een kreet van bevrijding; maar ieder die diep heeft nagedacht over de dood, of die in zijn eigen levenservaring geconfronteerd is geweest met een concrete bewustwording van zijn eigen sterfelijkheid, weet wel beter. De absurdist, ofschoon hij de menselijke onsterfelijkheid ontkent, erkent op zijn minst dat dit een centrale kwestie is—iets dat de meeste humanisten, met hun eindeloze ontwijkingen en rationalisaties, niet lukt. Enkel wanneer men geen liefde voor de waarheid kent, of wanneer iemands liefde voor de waarheid is verduisterd door verleidelijkere en onmiddellijkere zaken, zij het genot, commercie, cultuur, wereldse kennis of elk van de andere zaken die liever dan de waarheid worden aanvaard, is het mogelijk onverschillig te zijn omtrent deze kwestie. De hele betekenis van het menselijk leven is afhankelijk van de waarheid—of onwaarheid—van de leer van menselijke onsterfelijkheid.

Voor de absurdist is deze leer onwaar. En dat is een van de redenen waarom zijn universum zo vreemd is: in zijn universum is geen sprake van enige hoop, de dood is de ultieme god. Apologeten voor het absurde, net als apologeten voor het humanistische stoïcisme, zien vanuit dit perspectief niets behalve 'moed', de 'moed' van hen die bereid zijn te leven zonder deze ultieme 'troost' van het eeuwige leven; en zij kijken neer op zij die de 'beloning' van de Hemel nodig hebben om hun gedrag hier op aarde te rechtvaardigen. Het is helemaal niet nodig, zo denken zij, om te geloven in Hemel en Hel om op deze aarde een 'goed leven' te leiden. En hun argument is overtuigend zelfs voor velen die zich christen noemen en bereid zijn het eeuwige leven af te zweren en te verruilen voor een 'existentieel' perspectief vanuit welke enkel in het huidige moment wordt geloofd.

Zulk een argument is de ergste vorm van zelfbedrog, en is louter een van de myriade maskers waarachter men het gezicht van de dood verschuilt; want als de dood werkelijk het einde van de men betekende, dan zou men nooit de volledige verschrikking ervan onder ogen durven zien. Dostojevski had het bij het rechte eind toen hij in zijn eigen christelijke wereldbeeld een centrale rol toekende aan de menselijke onsterfelijkheid. Als de mens uiteindelijk toch in het niets moet eindigen, dan maakt het in de diepste zin niets uit wat hij in het leven doet, want niets dat hij doet kan dan van enig wezenlijk belang zijn, en al het gepraat over 'dit leven ten volle benutten' is in feite niets meer dan een verzameling loze en vergeefse woorden. Het is absoluut waar dat wanneer er 'geen onsterfelijkheid' is, de wereld absurd is en 'alles is toegestaan'—dat wil zeggen, niets is het waard gedaan te worden, de stof van de dood smoort elke vorm van blijdschap en voorkomt zelfs tranen, welke zinloos zouden zijn; het zou inderdaad beter zijn als zulk een wereld niet zou bestaan. Niets in de wereld—niet liefde, niet goedheid, niet heiligheid—is van enige waarde, of heeft zelfs maar enige betekenis, als de mens de dood niet overleeft. Hij die denkt een 'goed leven' te leiden dat vervolgens in de dood zal eindigen kent de betekenis van zijn woorden niet, daar zij louter een karikatuur zijn van de christelijke goedheid die in de eeuwigheid tot vervulling zal komen. Enkel wanneer de mens onsterfelijk is, en enkel wanneer de volgende wereld zo zal zijn als God het aan Zijn verkozen mensen, de christenen, geopenbaard heeft, kan hetgeen men doet in dit leven enige betekenis en waarde hebben; want enkel dan is elke daad van de mens een zaadje voor het goede of het kwade welke zeker ook in dit leven zullen ontspruiten, maar welke niet zullen worden geoogst tot in het toekomstige leven. Zij die, daarentegen, geloven dat deugdzaamheid begint en eindigt in dit leven zijn maar één stap verwijderd van zij die geloven dat er überhaupt geen deugdzaamheid bestaat; en deze stap—een feit waar onze eeuw een welbespraakte getuigenis van aflegt—wordt maar al te makkelijk genomen daar het immers een logische stap is.

Desillusie geniet, in zekere zin, de voorkeur boven zelfbedrog. Het zou, wanneer er voor wordt gekozen als doel op zich, kunnen leiden tot zelfmoord of krankzinnigheid; maar het zou ook kunnen leiden tot een ontwaking. Europa is zichzelf al voor meer dan vijf eeuwen aan het bedriegen door een regeerschap van humanisme, liberalisme en zogenaamde christelijke normen en waarden te trachten te stichten gestoeld op een steeds sceptischer wordende houding tegenover de Christelijke Waarheid. Het absurdisme is waar dat pad eindigt; het is de logische conclusie van de humanistische poging de Christelijke Waarheid te verzachten en compromitteren om plaats te maken voor nieuwe, moderne, dat wil zeggen wereldse, normen en waarden. Het absurdisme is het laatste bewijs voor het feit dat de Christelijke Waarheid absoluut en onbuigzaam is, anders staat het immers gelijk aan helemaal geen waarheid; en als er geen waarheid is, als de Christelijke Waarheid niet letterlijk en absoluut zou moeten worden opgevat, als God dood is, als er geen onsterfelijkheid is—dan is deze wereld het enige dat er bestaat en is deze wereld absurd, dan is deze wereld de Hel.

De absurde kijk op het leven brengt dan wel een gedeeltelijk inzicht tot uiting: het trekt de conclusies van het humanistische en liberale gedachtegoed voor welke de welbedoelende humanisten zelf blind zijn geweest. Het absurdisme is niet louter een arbitrair irrationalisme, maar een deel van de oogst welke de Europese mens al eeuwen aan het zaaien is aan de hand van zijn compromis en verraad van de Christelijke Waarheid.

Het zou echter onverstandig zijn hierin te overdrijven, zoals de apologeten van het absurdisme dat doen, en in het absurdisme en zijn ouder het nihilisme de tekenen te zien van een ommekeer of een terugkeer naar de tot op heden verwaarloosde waarheden of een diepgaander wereldbeeld. Laat er geen twijfel over bestaan dat de absurdist realistischer is wat betreft de negatieve en kwaadaardige kant van het leven, zoals manifest in zowel de wereld als de menselijke natuur; maar dit is uiteindelijk maar een kleine hoeveelheid waarheid in vergelijking met de grove misvattingen welke door het absurdisme worden gedeeld met het humanisme. Beide zijn even ver verwijderd van de God in Wie alleen de wereld enig hout snijdt; geen van beide hebben ook maar enige notie van het spirituele leven of de spirituele ervaring, welke louter door God worden gevoed; beide zijn derhalve geheel onwetend van de volledige omvang van de realiteit en de menselijke ervaring; en beide hebben derhalve een radicaal vereenvoudigde kijk op de wereld en, met name, op de menselijke aard. Het humanisme en het absurdisme staan in feite niet zo ver van elkaar vandaan als men wellicht vooronderstelt; het absurdisme is uiteindelijk niets meer dan een gedesillusioneerd maar onberouwvol humanisme. Het is, zo zou gezegd kunnen worden, het laatste stadium in de dialectische bedevaart bij de Christelijke Waarheid vandaan, het stadium waarin het humanisme, door simpelweg zijn interne logica te volgen en de volledige implicaties van zijn oorspronkelijke verraad van de Christelijke Waarheid te rekken, uitkomt bij zijn eigen ontkenning en stilvalt in een soort humanistische nachtmerrie, een subhumanisme. De subhumanistische wereld van de absurdist, ofschoon deze van tijd tot tijd akelig en ontstellend kan lijken, is uiteindelijk niets meer dan de eendimensionale wereld van de humanist, behalve dat deze aan de hand van verschillende trucjes en vormen van zelfbedrog 'mysterieus' wordt gemaakt; het is een persiflage op de echte wereld, de wereld van de christen, de wereld die werkelijk mysterieus is daar het hoogtes en dieptes bevat waar geen enkele absurdist, laat staan humanist, ooit van zal kunnen dromen.

Als, intellectueel gezien, het humanisme en het absurdisme te onderscheiden zijn als principe en gevolg, worden zijn in diepere zin met elkaar verenigd daar zij een en dezelfde wil met elkaar delen, namelijk de vernietiging van de christelijke God en de orde die Hij op aarde heeft gesticht. Deze woorden zullen ieder die zich genegen voelt sympathie te voelen voor de 'benarde situatie' van de hedendaagse mens vreemd in de oren klinken, met name zij die luisteren naar de argumenten van de absurdistische apologeten waarin zogenaamde 'wetenschappelijke' ontdekkingen worden aangehaald tezamen met de o-zo-natuurlijke desillusie die is voortgekomen uit ons tijdperk van oorlog en revolutie: argumenten, kortom, die afhankelijk zijn van de 'tijdgeest' en welke alles behalve een filosofie van absurditeit vrijwel onmogelijk lijken te maken. Het universum, zo klinkt deze rechtvaardiging, is betekenisloos geworden, God is gestorven, men weet niet precies hoe of waarom, en het enige dat ons nu nog rest is dat feit te aanvaarden en onszelf eraan overgeven. Maar de scherpzinnigere absurdisten weten wel beter.

God is niet slechts gestorven, zei Nietzsche, maar gedood door de mens; en Ionesco, in een essay over Kafka, erkende dat 'als de mens niet langer over een richtsnoer beschikt (dat wil zeggen, in het labyrint des leven), dan is dat omdat hij daar ook niet langer over wilde beschikken. Vandaar zijn schuldgevoel, zijn angst, over de absurditeit van het verleden.' Een vaag gevoel van schuld is, in de meeste gevallen, inderdaad het enige overgebleven teken van de mensheid haar betrokkenheid bij het tot stand brengen van de toestand waarin zij zich momenteel bevindt. Maar de mensheid is er wel degelijk bij betrokken, en al het fatalisme is louter een poging tot rationalisering. De moderne wetenschap is in dit opzicht vrij onschuldig daar het van zichzelf, niet louter neutraal, maar actief vijandelijk moet zijn jegens ieder idee van ultieme absurditeit, en zij die het misbruiken voor irrationele doeleinden denken niet helder na. En net als het fatalisme van zij die geloven dat de mens een slaaf moet zijn van de 'tijdgeest', wordt het tegendeel hiervan bewezen door de ervaring van elke christen die de naam waardig is—daar het christelijke leven bovenal een strijd is tegen de geest van *elke* tijd in het belang van de eeuwigheid. Absurdistisch fatalisme is uiteindelijk louter een product, een product van kennis noch van noodzaak, maar van blind geloof. De absurdist ziet het feit dat zijn desillusie een daad van geloof is natuurlijk liever niet onder ogen, daar geloof een factor is dat tegen het determinisme getuigt. Maar er is iets nog dieper gelegen dan het geloof dat door de absurdist nog liever wordt vermeden, en dat is de wil; daar de richting van de menselijke wil hetgeen is dat hoofdzakelijk zijn geloof bepaalt, alsmede het geheel van het persoonlijke wereldbeeld dat op dit geloof is gegrondvest. De christen, een samenhangende leer over de aard van de mens en derhalve ook een dieper inzicht in de menselijke motieven deelachtig, heeft zicht op de uiteindelijke verantwoordelijkheid die de absurdist in zijn gedesillusioneerde kijk op de wereld liever ontkent. De absurdist is niet het passieve 'slachtoffer' van zijn tijd of het in zijn tijd algemeen aanvaarde gedachtegoed, maar een actieve—al zij het vaak verwarde—samenzweerder in de grootse onderneming van de vijanden van God. Het absurdisme is niet hoofdzakelijk een intellectueel fenomeen, niet simpel atheïsme noch een louter erkenning van het feit van een afwezige God—dit zijn louter diens vermommingen en rationalisaties; in plaats daarvan is het een product van de wil, een antitheïsme (een term die door Proudhon werd toegepast op zijn eigen programma en die door de Lubac, in *The Drama of Atheist Humanism*, gezien werd als de sleutel tot het begrijpen van andere revolutionairen), een gevecht tegen God en de Goddelijke orde der dingen. Geen absurdist, laat dit duidelijk zijn, kan zich hier volledig van bewust zijn; hij kan en zal niet helder nadenken, hij leeft op basis van zelfbedrog. Geen mens (behalve Satan zelf, de eerste der absurdisten) kan, in volledig bewustzijn van dat feit, God ontkennen en zijn eigen wezenlijkste geluk weigeren; maar ergens diep binnenin elke absurdist, nog dieper dan zelfs hijzelf vaak wenst te kijken, ligt de primordiale ontkenning van God welke verantwoordelijk is geweest voor zowel alle absurdistische fenomenen als de onsamenhangendheid dat de kern van dit tijdperk vormt.

Als het onmogelijk is geen sympathie te voelen voor op zijn minst een aantal van de artiesten van het absurde, door in hen een gekweld bewustzijn en een oprechte weergave van een wereld dat zonder God tracht te leven waar te nemen, laat ons ondanks dat alles dan niet vergeten hoe grondig deze artiesten verbonden zijn met de wereld die zij uitbeelden; laat ons het feit niet uit het oog verliezen dat hun kunst zo succesvol is in het raken van een gevoelige snaar, juist omdat zij delen in de misvattingen, de blindheid, de onwetendheid en de perverse wil van het tijdperk welks leegte zij uitbeelden. Om de absurditeit van de hedendaagse wereld te boven te komen is, helaas, heel wat meer nodig dan zelfs de beste bedoelingen, het meest gekwelde lijden en de grootste artistieke 'genialiteit'. De weg voorbij het absurde is enkel in waarheid te bewandelen; en dit is precies hetgeen de hedendaagse artiest en zijn wereldbeeld missen, het is hetgeen dat in gelijke mate zo actief en zo definitief wordt ontkend door zowel de zelfbewuste absurdist als door zij die onbewust het absurdistische leven hebben geleid. Derhalve kan onze diagnose van het absurdisme als volgt worden opgesomd: het is het leven dat geleid wordt, en de kijk op het leven dat geuit wordt, door zij die niet langer God als het begin en het einde en de ultieme betekenis van het leven kunnen en willen zien; zij die derhalve niet geloven in Zijn Openbaring van Zichzelf in Jezus Christus, en niet het eeuwige Koninkrijk aanvaarden dat Hij heeft voorbereid voor zij die wel geloven en die hun leven leiden op basis van dit geloof; zij die, uiteindelijk, geen mens behalve zichzelf verantwoordelijk kunnen houden voor hun ongeloof. Maar wat is de *oorzaak* van deze ziekte? Wat, buiten alle historische en psychologische oorzaken—welke nooit meer dan louter relatief en bijdragend kunnen zijn—is de ware motivatie, de spirituele oorzaak? Als het absurdisme inderdaad een groots kwaad is, zoals wij de mening zijn toegedaan, kan er niet omwille van zichzelf voor gekozen worden; daar het kwaad geen positief bestaan geniet en enkel verkozen kan worden in de gedaante van een ogenschijnlijk goeds. Als wij tot nu toe de negatieve kant van de filosofie van het absurde hebben beschreven, een omschrijving van de wanordelijke, gedesoriënteerde wereld waar de mens zich heden ten dage in bevindt, dan is het nu tijd om ons tot zijn positieve kant te richten en te ontdekken wat het precies is waar de absurdisten hun geloof en hoop op vestigen.

Het is immers vrij duidelijk dat de absurdisten niet blij zijn met de absurditeit van het universum; zij geloven er in, maar zij kunnen zich er niet mee verzoeken, en hun kunst en gedachten zijn immers pogingen het te overstijgen. Zoals Ionesco heeft gezegd (en hier spreekt hij, waarschijnlijk, namens alle absurdisten): 'Het bestrijden van de absurditeit is een manier om de mogelijkheid van non-absurditeit te betuigen,' en hij ziet zichzelf als zijnde betrokken bij 'de constante zoektocht naar een opening, een openbaring.' Zo keren wij terug naar het gevoel van verwachting dat wij reeds hebben opgemerkt in bepaalde absurdistische kunstwerken; het is louter een weerspiegeling van de situatie van onze tijd, waarin de mens, gedesillusioneerd en troosteloos, hoop heeft op iets onbekends, iets onzekers en iets wat nog geopenbaard moet worden wat op de een of andere manier de betekenis en het doel van het leven zal herstellen. De mens kan niet leven zonder hoop, zelfs niet te midden van pure wanhoop, zelfs niet wanneer alle reden tot hoop zogenaamd is 'weerlegd'.

Maar dit wil enkel zeggen dat het niets, het schijnbare middelpunt van het absurdistische universum, niet de ware kern van de ziekte is, maar louter het opvallendste symptoom ervan. Het ware geloof van het absurdisme ligt in iets waarop gehoopt wordt maar wat zich nog niet heeft gemanifesteerd, een 'Godot' welke het altijd impliciete, maar nog niet gedefinieerde onderwerp vormt van de absurdistische kunst, een mysterieus iets dat, wanneer het wordt begrepen, weer een of andere betekenis aan het leven zou moeten toekennen.

Dit alles, als het louter een vage verschijning lijkt te zijn binnen de hedendaagse absurdistische kunst, komt vrij duidelijk naar voren in de werken van de oorspronkelijke 'profeten' uit het tijdperk van de absurditeit, Nietzsche en Dostojevski. In hun geschriften kent de openbaring van de absurditeit een gevolgtrekking. 'Dood zijn alle goden', zegt Nietzsches Zarathoestra: 'Nu verlangen wij dat de Supermens zal leven.' En deze krankzinnige van Nietzsche heeft het volgende te zeggen over de moord op God: 'Is de omvang van deze daad niet te groots voor ons? Zullen wij zelf geen goden moeten worden, enkel om het ons waardig te tonen?' Kirillov, in Dostojevski's *Boze geesten*, is zich ervan bewust dat, 'Als er geen God is, dan ben ik God.'

De eerste zonde van de mens, en de ultieme oorzaak van de ellendige gemoedstoestand waar de mens zich doorheen alle tijdperken in heeft gevonden, kan gevonden worden in het toegeven aan de verzoeking van de slang in het paradijs: 'Gij zult als goden wezen.' Wat door Nietzsche de Supermens genoemd wordt, en door Dostojevski de mensgod, is in feite dezelfde god van de *zelf* waarmee de duivel toen en altijd de mens heeft verzocht; het is de enige god, zodra men de ware God de rug heeft toegekeerd, die de mens kan aanbidden. Wij hebben onze vrijheid verkregen om de keuze te kunnen maken tussen de ware God en onszelf, tussen het oprechte pad dat leidt tot vergoddelijking en waarop de zelf in dit leven nederig zal worden gemaakt en zal worden gekruisigd om vervolgens te herrijzen en voor eeuwig verheven te worden tot God, en het valse pad van zelfvergoddelijking welke verheerlijking in dit leven beloofd maar welke zal eindigen in de afgrond. Dit zijn, uiteindelijk, de enige twee keuzes die open staan voor de menselijke vrijheid; en op deze twee keuzes zijn de twee Koninkrijken gegrondvest, het Koninkrijk Gods en het koninkrijk der mensen, welke enkel van elkaar kunnen worden onderscheiden door het oog des geloof, maar welke in het toekomstige leven van elkaar zullen worden gescheiden als Hemel en Hel. Het is duidelijk aan welk van de twee de moderne beschaving zich heeft overgegeven, met haar prometheïsche inspanning een werelds Koninkrijk te stichten in weerwil van God; maar hetgeen voor de vroegere moderne denkers duidelijk zou moeten zijn geweest komt in Nietzsche uiterst expliciet naar voren. Het oude gebod van 'Gij zult', zo zegt Zarathoestra, is verouderd; het nieuwe gebod is 'Ik zal'. En 'het attribuut van mijn godheid is eigenwil', volgens Kirilovs satanische logica. De nieuwe religie, de religie welke nog niet volledig is geopenbaard maar welke de opvolger zal zijn van de oude religie van het christendom, waar de moderne mens inmiddels de genadeslag aan denkt te hebben uitgedeeld—is in de allerhoogste mate de religie van de zelfaanbidding.

Dit is waar het absurdisme—en alle hedendaagse vergeefse proefnemingen—zoekende naar zijn. Het absurdisme is het stadium waarin de moderne prometheïsche inspanning aarzelt, enige twijfelingen toelaat, en een zwak voorproefje krijgt van de satanische onsamenhangendheid waarin het niets anders kan doen dan tot een einde komen. Maar ook als de absurdist minder zelfverzekerd en angstiger is dan de humanist, dan deelt hij alsnog de humanistische overtuiging dat het moderne pad het juiste pad is, en behoudt hij ondanks zijn twijfels de humanistische hoop—de hoop niet in God en Zijn Koninkrijk, maar hoop in de mens zijn eigen Toren van Babel.

De moderne poging een koninkrijk van zelfaanbidding te stichten is tot het ene uiterste gekomen in Hitler, die geloofde in een Supermens op basis van ras; en bereikte het andere uiterste in het communisme, welks Supermens de collectiviteit is en welks zelfliefde is vermomd als altruïsme. Maar zowel het nazisme als het communisme zijn uiterste vormen—zoals door hun fenomenale succes wordt bewezen—van waar heden ten dage iedereen in gelooft: dat wil zeggen, iedereen die niet expliciet en absoluut aan de kant van Christus en Zijn Waarheid staat. Want wat is anders de betekenis van deze gigantische inspanning waarin alle naties zich heden ten dage hebben verenigd om de aardbodem te transformeren en het universum te veroveren, om een geheel nieuwe orde der dingen te bewerkstelligen waarin de menselijke staat die hij sinds zijn schepping heeft gekend radicaal zal worden getransformeerd, en waarin deze aarde, welke sinds de val van de mens niets is geweest en ook niets anders kan zijn dan een plek van verdriet en tranen, vermoedelijk een plek van geluk en vreugde zal worden, een waarachtige hemel op aarde met de komst van een 'nieuw tijdperk'? Wat kan dit betekenen behalve dat de mens, verlost van de last van een God in Wie hij niet gelooft ondanks dat hij Hem erkent met zijn lippen, zichzelf als God ziet, als meester van zijn eigen lot en schepper van een 'nieuwe aarde', terwijl hij zijn geloof tot uiting brengt in een zelfbedachte 'nieuwe religie' waarin nederigheid plaatsmaakt voor trots, gebed voor wereldse kennis, bedwang van de passies voor het bedwingen van de wereld, vasten voor overvloed en verzadigdheid, tranen van berouw voor werelds genot.

Deze religie van de zelf is waar het absurdisme naartoe leidt. En ook al is dit niet altijd diens expliciete bedoeling, het is wel diens duidelijke implicatie. De absurdistische kunst beeldt een mens uit welke in zichzelf gevangenzit, niet in staat te communiceren met zijn medemens of een relatie aan te gaan met eenieder die niet onmenselijk is; er is geen sprake van liefde in de absurdistische kunst, enkel van haat, geweld, terreur en verveling—want door zichzelf af te zonderen van God heeft de absurdist zich afgezonderd van zijn eigen menselijkheid, de beeltenis van God. En als zulk een mens in afwachting is van een openbaring welke een einde zal maken aan de absurditeit, dan is dat zeker niet de openbaring die alle christenen bekend is; als er een punt is waarop alle absurdisten het met elkaar eens zijn, dan is het de absolute afwijzing van het christelijke antwoord. Elke openbaring die de absurdist, als absurdist, zou kunnen aanvaarden moet een 'nieuwe' zijn. Over Godot, in het toneelstuk van Beckett, zegt een van de personages, 'Ik zie uit naar wat hij ons te bieden heeft. Dan zullen wij het ofwel nemen of laten.' In het christelijke leven wordt alles herleid tot Christus, wij moeten ons ontdoen van de oude zelf met zijn constante 'Ik wil' en een nieuwe zelf, gecentreerd in Christus en Zijn wil, zal geboren moeten worden; maar in het spirituele universum van 'Godot' draait nu juist alles om de oude zelf, en zelfs een nieuwe god moet zichzelf presenteren als een soort spiritueel koopwaar die ofwel wordt aanvaard of afgewezen door een zelf die niets zal tolereren dat niet tot zichzelf is gericht. De hedendaagse mens 'wacht op Godot'—wie, wellicht op één niveau, de Antichrist is—in de hoop dat hij het geweten gerust zal kunnen stellen en de betekenis en genot van de zelfaanbidding zal kunnen herstellen, dat wil zeggen, in de hoop dat hij ons toestemming zal geven hetgeen te doen dat God ons heeft verboden en ons zal voorzien van de ultieme rechtvaardiging daarvan. Nietzches Supermens is de absurdistische moderne mens die, buiten zichzelf van enthousiasme ten gevolge van een aards mysticisme en het aanbidden van deze wereld, zijn schuldgevoel heeft vernietigd.

Waar zal het eindigen? Nietzsche en de hedendaagse optimist zien de opkomst van een nieuw tijdperk, het begin van 'een hogere geschiedenis dan tot dusver'. De communistische leer bevestigd dit; maar de communistische reorganisatie van de wereld zal uiteindelijk niet meer blijken dan de systematische absurditeit van een uiterst efficiënte machine zonder einddoel. Dostojevski, die de ware God kende, was realistischer. Kirillov, de maniakale tegenpool van Zarathoestra, moest zichzelf van het leven beroven om te bewijzen dat hij God was; Ivan Karamazov, die door dezelfde ideeën gekweld werd, ging, net als Nietzsche, verloren in krankzinnigheid; Shigalev (in *Boze geesten*), die de eerste perfecte sociale organisatie van de mensheid bedacht, achtte het noodzakelijk om negen tiende van de mensheid tot slavernij te veroordelen zodat een tiende een absolute vrijheid kon genieten—een plan dat door de nazi en communistische Supermensen verwerkelijkt is. Krankzinnigheid, zelfmoord, slavernij, moord en vernietiging zijn de doeleinden van de aanmatigende filosofie van de dood van God en de komst van de Supermens; en dit zijn, inderdaad, prominente thema's binnen de absurdistische kunst.

Velen hebben het gevoel—net als Ionesco—dat enkel vanuit een grondige verkenning van de absurde staat waarin de mens zich momenteel verkeert, en van de nieuwe mogelijkheden die zich hem hebben voorgedaan, een weg gevonden kan worden die voorbij de absurditeit en het nihilisme ligt en zal reiken tot een nieuwe wereld van samenhangendheid: dit is de hoop van het absurdisme en het humanisme, en zal tevens de hoop zijn van het communisme wanneer (en als) het diens stadium van desillusie bereikt. Het is een valse hoop, maar wel een hoop die, ondanks dit alles, in vervulling zou kunnen gaan. Want Satan is de aap van God, en wanneer goddelijke samenhangendheid is vernietigd en de mens niet langer zijn hoop vestigt op de absolute samenhangendheid die louter God aan het menselijk leven kan schenken, dan zal de vervalste samenhangendheid die Satan kan vervaardigen erg bekoorlijk lijken. Het is niet per ongeluk dat er heden ten dage serieuze aandacht wordt geschonken, door verantwoordelijke en nuchtere christenen die ontevreden zijn met het gemakkelijke optimisme en het gemakkelijke pessimisme, aan een leer die, tenminste in West-Europa, onder de invloed van de filosofie van verlichting en progressie bijna in vergetelheid was geraakt. (Cf. Josef Pieper, *The End of Time*; Heinrich Schlier, *Principalities and Powers in the New Testament*; en vóór hen, Kardinaal Newman.) Dit betreft de leer, universeel aangehouden door de kerken van zowel het Oosten als het Westen, van de Antichrist, dat vreemde figuur dat aan het einde der tijden zal verschijnen als een humanitaire wereldleider en de schepping ondersteboven zal keren door de duisternis het licht te doen lijken, het kwaad goed, slavernij vrijheid, chaos orde; hij is de ultieme protagonist van de filosofie van het absurde en de perfecte belichaming van de mensgod: daar hij enkel zichzelf zal aanbidden en zichzelf God zal noemen. Dit is echter niet de aangewezen plek om meer te doen dan louter te wijzen op het bestaan van deze leer, en zijn verband met de satanische onsamenhangendheid van de filosofie van het absurde op te merken.

Maar zelfs nog belangrijker dan het historische hoogtepunt van het absurdisme, of wij het nu hebben over het werkelijke regeerschap van de Antichrist of louter een van zijn voorgangers, is zijn suprahistorische doelstelling: de Hel. Want het absurdisme is, in zijn diepste zin, de inval van de Hel in onze wereld; en derhalve een waarschuwing van een realiteit welke de mens maar al te graag wilt vermijden. Maar zij die het vermijden zullen er enkel dichter bij in de buurt komen; ons tijdperk, het eerste in christelijke tijden dat het geloof in de Hel in zijn geheel heeft opgegeven, is zelf nog sterker dan alle anderen een belichaming van de geest van de Hel.

Waarom heeft men het geloof in de Hel opgegeven? Omdat zij niet in een Hemel geloven, oftewel, omdat zij niet in het leven geloven, noch in de God van het leven, omdat zij Gods schepping absurd vinden en wensten dat het niet deed bestaan. De Starets Zossima, in *De gebroeders Karamazov*, spreekt van zulk een soort mens.

> Er zijn er die zelfs in de Hel trots en fel blijven, ondanks hun zekere kennis en overpeinzing van de absolute waarheid; ook zijn er de angstige personen die zich in zijn geheel hebben overgegeven aan Satan en zijn trotse geest. Voor hen is de Hel vrijwillig en alles verslindend; zij worden gemarteld door hun eigen keuze. Daar zij, door God en het leven te vervloeken, zichzelf hebben vervloekt.... Zij zijn niet in staat de levende God zonder haat in beschouwing te nemen, en zij brullen dat de God van het leven vernietigd dient te worden, dat God Zichzelf en

Zijn eigen schepping zou moeten vernietigen. En zij zullen voor altijd branden in het vuur van hun eigen razernij en hunkeren naar de dood en de vernietiging. Maar de dood zullen zij nooit Vinden.

Dergelijke personen zijn, natuurlijk, extreme nihilisten, maar zij verschillen enkel in mate, niet in hun aard, van de minder gewelddadige zielen die zachtjes dit leven vervloeken en het absurd vinden, en zelfs van zij die zichzelf christenen noemen maar niet met geheel hun hart verlangen naar het Koninkrijk der Hemelen, maar, in plaats daarvan, zich de Hemel inbeelden, als zij dit überhaupt doen, als een schaduwrijk van uitrusting of slaap. De Hel is het antwoord en het doel van allen die liever in de dood dan in het leven geloven, liever in deze wereld dan in het volgende, liever in zichzelf dan in God; allen die, kortom, in hun hart der harten de filosofie van het absurde aanvaarden. Want het is de grootste waarheid van het christendom—welke door Dostojevski wel en door Nietzsche niet werd ingezien—dat er in het bestaan *geen sprake is van vernietiging*, noch van *onsamenhangendheid*, al het nihilisme en al het absurdisme is vergeefs. De vlammen van de Hel zijn hier het laatste en vreselijke bewijs voor: ieder wezen getuigt, voor of tegen zijn wil, van de ultieme samenhangendheid der dingen. Daar deze samenhangendheid de liefde Gods is, een liefde die zelfs in de vlammen van de Hel gevonden wordt; het is in feite de liefde Gods zelf waar zij die het ontkennen door gekweld worden.

Hetzelfde geldt voor het absurdisme; het is de negatieve kant van een positieve realiteit. Natuurlijk bevat onze wereld een element van onsamenhangendheid, daar de mens met zijn val uit het paradijs ook deze wereld met zich meesleurde; de filosofie van het absurde is derhalve niet gegrondvest op een totale leugen, maar op een misleidende halve waarheid. Maar wanneer Camus absurditeit definieert als de confrontatie van de menselijke behoefte aan rede met de irrationaliteit van de wereld, en wanneer hij de mening is toegedaan dat de mens een onschuldig slachtoffer is en de wereld de schuldige partij, dan vergroot hij, net als alle absurdisten dat doen, louter een gedeeltelijk inzicht tot een volledig vervormde kijk op de dingen, en is hij in zijn blindheid aangekomen bij de exacte inversie van de waarheid. Het absurdisme is uiteindelijk een *interne* en niet een externe kwestie; het is niet de wereld die irrationeel en onsamenhangend is, maar de mens.

Als, echter, de absurdist zich schuldig maakt aan het niet zien van de dingen zoals zij werkelijk zijn, en zelfs niet wenst de dingen te zien zoals zij werkelijk zijn, dan kan de christen enkel nog schuldiger bevonden worden voor het niet geven van het voorbeeld van een samenhangend leven, een leven in Christus. De christelijke compromis in denken en spreken, alsmede een nalatigheid in handelen, hebben de weg vrijgemaakt voor de overwinning van de krachten van het absurde, van Satan en van de Antichrist. Het huidige tijdperk van absurditeit is de rechtvaardige beloning voor de christenen die het hebben nagelaten ware christenen te zijn.

En hier, in diens oorsprong, ligt de enige remedie voor het absurdisme: wij moeten wederom christenen zijn. Camus had het bij het rechte eind toen hij zei, 'Wij moeten de keuze maken tussen wonderen en het absurde.' Want in dit opzicht zijn zowel het christendom als het absurdisme het in gelijke mate oneens met het rationalisme en het humanisme van de Verlichting, wat betreft de conclusie dat de realiteit kan worden gereduceerd tot louter rationele en menselijke termen. Wij moeten inderdaad kiezen tussen het wonderlijke, het christelijke perspectief, welks middelpunt wordt ingenomen door God en welks einde het eeuwige Koninkrijk der Hemelen is, en het absurde, het satanische perspectief, welks middelpunt wordt ingenomen door de gevallen zelf en welks einde de Hel is, zowel in dit leven als het hierop volgende.

Wij moeten wederom christenen zijn. Het is zinloos, het is zelfs juist absurd om te spreken van een hervorming van de maatschappij, van het veranderen van de koers van de geschiedenis, van het betreden van een tijdperk dat het nihilisme voorbij is gestreefd, als wij Christus niet in ons hart dragen; en als wij Christus wel in ons hart dragen, dan doet niets anders ertoe.

Het is uiteraard mogelijk dat er een tijdperk zal komen welke de absurditeit voorbij zal zijn gestreefd; maar het is wellicht aannemelijker—en christenen moeten te allen tijde zijn voorbereid op deze mogelijkheid—dat deze er niet zal komen en dat het tijdperk van absurditeit de laatste zal zijn. Het is mogelijk dat de laatste getuigenis die christenen in dit tijdperk zullen kunnen afleggen de ultieme getuigenis is, namelijk het bloed van hun martelaarschap.

Maar dit is reden tot vreugde, niet tot wanhoop. Daar de hoop van de christen niet is gevestigd op deze wereld of op een van zijn koninkrijken— zulk een hoop is, inderdaad, de ultieme vorm van absurditeit; de hoop van de christen is, daarentegen, gevestigd op een koninkrijk dat niet van deze wereld is, het Koninkrijk Gods.

Index

Absurdisme, 98-117
Anarchisme, 28-30, 59, 61, 85, 90

Bacon, Francis, 80
Bakoenin, Michael, 11, 30 n., 55, 56 n., 59, 61, 63, 67, 69, 71-72
Basilius de Grote, 36
Baudelaire, Charles, 11
Bazarov, 34, 53
Beckett, Samuel, 105, 113
Bolsjewisme, 12, 29, 41, 51, 62, 65, 68, 70, 73-74
Boze geesten (Fjodor Dostojevski), 54, 89 n., 111
Burkhardt, Jacob, 38

Camus, Albert, 59, 64, 104, 116-117
Christelijke geloof, 14-16, 20, 25-26, 33-34, 58, 60-63, 67
Christendom, 25, 27, 36-37, 43-44, 66, 91, 94, 101-104, 107-110, 113, 116-117
Communisme, 72-73, 75, 112, 114
Cortes, Donoso, 70
Kubistische kunst, 80
Cuevas, Jose Luis, 80

Damascene (Christensen), Hiëromonnik, 10
Darwin, Charles, 38-39
De Maistre, Joseph, 66, 70, 91 n.
Descartes, Rene, 26
Dostojevski, Fjodor, 28, 54, 58, 65, 89, 93, 102, 106, 111, 114, 116
Dubuffet, Jean, 80

Engels, Friedrich, 77
Expressionistische kunst, 80-81

Franse Revolutie, 22, 66, 86
Freud, Sigmund, 38

Giacometti, Alberto, 80,
Goebbels, Joseph Paul, 73, 86
Golub, Leon, 80

Hemingway, Ernest, 104
Hexaemeron (Basilius de Grote), 36 n.
Hitler, Adolf, 38-40, 46-48, 51, 55, 60-61, 65, 67, 71, 73-74, 77-78, 82, 99, 105, 112
Humanisme, 12, 15, 23-25, 27-28, 36-37, 40-41, 50-52, 61, 68, 80-81, 98, 105-108, 112, 114, 117
Hume, David, 18
Huxley, Aldous, 42

Ionesco, Eugene, 104, 108, 111, 114

Johannes van Kronstadt, Vader, 56

Kafka, Franz, 104, 108
Kahler, Erich, 79, 81 n.
Koninkrijk der mensen en het Koninkrijk Gods, Het (Eugene [v. Serafim] Rose), 7, 9, 97-98

Lawrence, D. H., 48
Lenin, Vladimir, 38, 55, 61, 67, 71, 72, 76, 78, 82, 88
Liberalisme, 23-34, 36-38, 41-45, 47, 49, 51-53, 56, 68, 107

Marx, Karl, 38, 72, 77-78, 89-90
Mill, J. S., 23
Moderne kunst, 47-48, 50, 66, 81-82, 100-101, 104-105
Mussolini, Benito, 38, 47, 77

Nationaalsocialisme, 22, 41, 51, 70, 73, 86
Nazisme, 12, 47, 68, 73-74, 112, 114
Nechayev, Sergei, 11, 54-55, 71
Newman, Kardinaal, 115
'nieuwe mens,' 83-85

Nietzsche, Friedrich, 7-9, 11, 13-14, 28, 32, 36, 38, 44, 44 n., 48-49, 49n., 53-54, 58, 65, 69, 78, 87, 88-90, 102-103, 105, 108, 111-112, 114, 116
Vernietigende nihilisme, 23, 53-56

Oude Orde, 7, 21, 24, 34, 54, 62-64, 71-74, 75, 77-78, 89
Orthodoxe Christenen, 8-9, 24, 27, 29, 55-56, 70, 72, 81, 92-93

Picard, Max, 69
Pieper, Josef, 67 n., 115
Proudhon, Pierre-Joseph, 59, 60, 67, 70, 90, 109

Reactie in Duitsland (Michael Bakoenin), 54
Realisme, 16-18, 23, 34-41, 41-45, 47-54, 56, 74-75, 79, 89-90
Rimbaud, Arthur, 11
Robespierre, Maximillian, 60
Rose, v. Serafim, 7-10
Russell, Bertrand, 60

Schlier, Heinrich, 115
Solovjov, Vladimir, 17
Stalin, Joseph, 38, 86
Stirner, Max, 54, 55

Toergenjev, Ivan, 34, 53 n.
Tyndall, John, 42

Vaders en zonen (Toergenjev), 34, 53 n.
Vitalisme, 23, 41-45, 47-56, 59-60, 78, 89-90

Yeats, W. B., 42, 86, 87

Zarathoestra, 48, 58, 89, 111-112, 114
Zenboeddhisme, 48

VADER SERAFIM ROSE

GODS OPENBARING AAN HET MENSELIJK HART

UITGEVERIJ ORTHODOX LOGOS

www.orthodoxlogos.com

www.ingramcontent.com/pod-product-compliance
Lightning Source LLC
Chambersburg PA
CBHW031124080526
44587CB00011B/1095